...aus der Todeszelle

Live from Death Row

Mumia Abu-Jamal

...aus der Todeszelle

Live from Death Row

Archiv für transatlantische Sozial- und Kulturgeschichte 1492/1992 e.V. (Hg.)

Atlantik

Die Deutsche Bibliothek - CIP-Einheitsaufnahme
Ein Titeldatensatz für diese Publikation ist bei der Deutschen Bibliothek erhältlich.

Die Originalausgabe erschien 1995 unter dem Titel „Live from Death Row“ im Verlag Addison-Wesley, New York

Die bis zur 3. Auflage enthaltenen Beiträge v. L. Weinglass u. J. Heiser erscheinen in dieser Edition überarbeitet im aktuellen Ergänzungsband „Free Mumia!“ (ISBN 3-926529-61-X)

Atlantik Verlag
Elsflether Str. 29, 28219 Bremen
www.atlantik-verlag.de

Atlantik ist Mitglied der Assoziation Linker Verlage (aLiVe)

4. Auflage Mai 2001

Aus dem Amerikanischen von S. V.,
überarbeitet und ergänzt von Regine Geraedts
Lektorat: Jürgen Heiser, Victor Ströver

Umschlaggestaltung:	Annette Schiffmann, Reinhard Seekamp, Satzstudio Trageser
Umschlagfoto:	Thomas Filmyer / WCB
Gestaltung:	Atlantik Verlag
Gesamtherstellung:	Interpress Budapest

ISBN 3-926529-62-8

Danksagung

Ohne die schnelle und großzügige Unterstützung von vielen hätten dieses Buch und die „Edition Mumia Abu-Jamal“ nicht so erscheinen können. Der Verlag dankt an dieser Stelle allen, die mit ihren Beiträgen und Mitteln die Realisierung erst ermöglicht haben.

Atlantik Verlag

Gewidmet Edith L. und William H., zwei Seelen aus dem Süden – die eine mit Grübchen, hohen Wangenknochen und der Farbe und dem Duft von Süßkartoffeln, die andere klein, muskulös und so dunkel wie schwarzer Kaffee –, die, stets eingehüllt in Zigarrenrauch (Marke Phillies), eine rauhe Liebe verkörpern. Beide schlossen sich der großen Wanderbewegung nach Norden an, um das legendäre Land der unbegrenzten Möglichkeiten, der Gleichheit und der Freiheit für alle zu suchen.

'Up Nawth', der Norden – für einige Afroamerikaner markierte erst die Grenze zwischen den USA und Kanada die nördliche Lage der Mason-Dixon-Line und damit die Grenze zu den Sklavenhalterstaaten – war ein kaltes und unwirtliches Land, das einige Illusionen zerstörte, um andere zu nähren.

Für die Kinder war es das Zuhause. Für sie war es das Gelobte Land. Gewidmet denen, die sich den letzten Bissen vom Munde absparten, um ihre Nachkommen in eine neue, bessere Welt zu führen.

Gewidmet ihrer Welt, die hätte sein können.

Inhalt

Gedanken, Erinnerungen und Zukunftsvisionen

Danksagung

Höchste Anerkennung für John Edgar Wideman – seine Einleitung ist meisterhaft. Wow! Sie klingt wie Pharaoh Sanders, der mit der Feder statt mit dem Saxophon spielt!

Der von mir geschätzte, inzwischen verstorbene Dr. Huey P. Newton schrieb in seinem Buch *Revolutionary Suicide*[1] einmal von seiner Bewunderung für das afrikanische Axiom des „Ich bin wir“, in dem sich die naturbedingte Idee der Einheit von Stamm und Individuum ausdrückt. Im Geiste dieser alten Weisheit will ich all den Angehörigen des *Eternal Tribe*[2] meinen Dank erweisen, all den Namenlosen, die die Höllenstürme und die entsetzliche Schiffspassage von Westafrika zum amerikanischen Süden überstanden, will dem Prediger Nat Turner[3] Dank sagen, der nach dem Klang des *Heaven's Horn* tanzte, Gabriel Prosser als einem, der es blies[4], und Shaka und all denen, die in Islandwhana[5] die Stellung hielten.

Danken will ich den spirituellen Töchtern und Söhnen von John Africa, den Märtyrern des Massakers vom 13. Mai und den MOVE-Leuten Pam, Bert, Ria, Mona, Theresa, Mo, Mary, Mella Swella und Franco, den MOVE-Kindern Puga, Rhonda, Jay, Tiff, Malachide, Whit, Robin,

Boosh, Rose und Pixie - alle *Seeds of Wisdom* (Samen der Weisheit), die unter John Africas Lehren aufgewachsen sind, Bev und allen, die den Namen Africa tragen, *alla dem*[6]. Danken will ich Ras Marley und all den anderen, die den Fall Babylons besungen haben, Elder Curtis Mayfield, dessen Rebellenlieder in ganz Amerika gesungen wurden und vielen Panthern über den Tag halfen („We're a winner, and never let anybody say that y'all can't make it, 'cuz them people's mind is in yo' way..." [„Wir werden siegen, und die da bleiben still, die sagen, daß wir's sowieso nie schaffen, weil das Volk es so nicht will."]), und den Radikalen und Rebellen weltweit. Danken will ich Agipa-Press, dem Partisan Defense Committee (PDC), dem New Afrikan Network in Support of Political Prisoners and Prisoners of War (NANPPOW), Assata, NAACP Legal Defense and Education Fund, Demba Diop, Heike, Jürgen und Jeldrik, Regine und Marleentje, Susanne und der ganzen Crew in Deutschland, all den Namenlosen, die die Arbeit geleistet haben, die eine Bewegung so dringend braucht, um zu wachsen und andere mitzureißen, Dank an Yatamah, Cory, den drei Lindas (zwei Thurstons und eine Ragin), William Goldsby, Abdul Jon, Bobby B., John and Jenny Black (beide aus demselben Holze geschnitzt), Fred Horstmann, Shep, Yuri und Lamila. Dank an all die guten Leute, die Babylon in seinen Knästen verschlungen hat und die trotzdem nicht aufgeben, an Dr. Mutulu Shakur, Sundiata Acoli, Geronimo ji jaga (Pratt), Jihaad, Mzilikazi, Dank an PPS und die Crew vom Black Cultural Workshop - Kojo, Emory Ghana -, an Leonard Peltier und an Ruchell Magee, dem einzigen Überlebenden des Massakers im Gericht von Marin County*, der von den Geschworenen freigesprochen, aber vom Staat verdammt wurde und seit 1971 in Kalifornien eingekerkert ist (und davor schon mindestens 20 Jahre in anderen kalifornischen Gulags gesessen hat).

Mein Dank gilt Ray Luc Levasseur, Larry Giddings und Stephen Luther Evans, einem exzellenten *jailhouse lawyer*[7], der vielen den Weg nach draußen zeigte und dem der Tod endgültig die Tür zum Leben zuschlug, bevor er sich selbst auf den langen Weg in die Freiheit machen konnte. Mein Dank gilt den Anwälten draußen, die darum kämpfen, daß ich bald bei ihnen sein kann, Leonard I. Weinglass, Steven Hawkins und dem NAACP Legal Defense and Education Fund, Dan Williams, Rachel Wolkenstein („The Reminder") und Jonathan Piper, Adjoa Aiyetoro von der National Conference of Black Lawyers (NCBL), Jacqué Reardon und Ashanti Chimurenga, Anwälten, die für eine andere Welt kämpfen. Mein Dank gilt *all denen, die Babylon hinter dicken Mauern verschwinden ließ*, Del, China, Phil, Neen, Janet, Ed, Mike, Deb und Chuck - alle Kämpferinnen und Kämpfer und Verkünder der *Revolution von John Africa*, die, obwohl sie unschuldig sind, ein ganzes Jahrhundert in den Knästen Pennsylvanias absitzen müssen, weil sie ihre Ideen nicht verraten wollen, Gefangene eines politischen

* s. Mark A. Thiel, „How many more years?", Die Biographie von Ruchell Magee (deutsch), Atlantik Verlag, Bremen 2000

Systems, das sie am 8. August 1978 und am 13. Mai 1985 vernichten wollte und heute immer noch vernichten will.

Ich danke Whoopi! Goldberg, Danny Glover, dem Duo Ossie Davis und Ruby Dee, Künstlern, die Bilder von fortschrittlichen ethischen Werten wachriefen und so mutig waren, die Grenze zwischen Kunst und Leben aufzuheben, wie Ed Asner und Mike Farrell. Dank an Alhaji Bai Konte und andere bekannte und unbekannte Griots[8], Del Jones, Linn Washington, Father Paul Washington, Cody Anderson, Kamau, Jah Free I, Terry Bisson, Doc (alias Dr. Alan Berkman, ehemaliger politischer Gefangener, mit dem zusammen ich einige Zeit im Knast von Holmesburg war), Judy Douglass, Jo Nina Ambron, Askia Muhammed. Ich danke meiner früheren Freundin bei den Panthers, Griot-Kiilu Nyasha, – weil Freiheit immer Kampf *ist* -, N'Gugi wa Thiongo, Dr. Chinosole, Dr. Hussein Abdilahi Bulhan, Dr. Ernest P. Keen, Dr. Frances Cress Welsing, Dr. Frantz Fanon, ich danke einem, der den Sklavenjägern entkommen ist und der zwei wurde – Dhoruba und Tanaquil –, ich danke all den Frauen und Männern, die keine Black Panthers mehr sind, sich aber immer noch einmischen – Safiya Bukhari-Alston, Captain Reggie Schell, Emory Douglas, Harold Jamison, Rosemari Mealy, Linda Richardson, dem verstorbenen Nat Shanks (wo immer er jetzt auch sein mag, er bleibt doch dabei) und allen, die sich nie dafür entschuldigt haben, daß sie das schwarze Barett getragen haben. Dank schulde ich auch Frances Goldin, die den Mut hatte, die Herausgabe dieses Buches in ihre Hände zu nehmen, und

Noelle Hanrahan, die mir die gefährlichste aller Waffen hinter die Gefängnismauern brachte – einen Kassettenrekorder! Dank an Jane und Alexander und meine Brüder im ganzen Land, an die vielen, die ungenannt bleiben, aber nicht vergessen sind. Dank an die weitverzweigte Familie, die von Edith abstammt – Keith, Lydia, Basil Ali, Wayne, William – und an deren wachsende Nachkommenschaft, an Flutenjuice, Jaleel, Jamal, Tifa, Nyabinta, Jabari, Wayne und Mazimu und an Marilyn und Habibah, die diese Sprößlinge in Liebe aufgezogen haben.

Und schließlich möchte ich meiner Frau Mydiya Wadiya Jamal und dem ganzen Clan der Jamals danken, all meinen Ibns und Bintas[9], die mir als göttliches Geschenk der Liebe gemacht wurden.

Aus der Todeszelle - Mumia Abu-Jamal
August 1995

Geleitwort von Peter Gingold

Mumias Aufzeichnungen aus der Todeszelle, seine alarmschlagende, aufschreiende Stimme gegen den Rassismus, wühlen auf, erschüttern. Seit fast zwei Jahrzehnten sitzt er in der Hölle des *death row*, des Todestrakts. Aus Rassenhaß, denn seine Haut ist schwarz. Weil die Stimme dieses Kämpfers für Menschenrechte, des mutigen, unabhängigen und populären Journalisten, den man „The Voice of the Voiceless" (Die Stimme der Unterdrückten) nennt, zum Schweigen gebracht werden soll. Isoliert, von einem Hinrichtungstermin zum anderen, hin und her, das ist physische Folter, eine entsetzliche, unentwegte Folter, Tag und Nacht.

Wir, Überlebende des antifaschistischen Widerstandes, des Holocaust, zu denen ich gehöre, die stets den Tod vor Augen hatten und nur mit viel Glück der Nazihölle entronnen sind, können es wohl zuinnerst nachempfinden. In unserem Namen möchte ich diese Gefühle der tiefsten solidarischen Verbundenheit mit Mumia zum Ausdruck bringen.

Ich kann mich mit all meinen Sinnen in seine Lage hineinfühlen. Wohl habe ich nicht so lange, nur einige Monate, in einer Todeszelle gesessen. Auf das Schwerste belastet, in den Händen der Gestapo, waren das Todesurteil und die

Hinrichtung unweigerliche Gewißheit. Damals 26 Jahre alt, mein ganzes Leben noch vor mir, hatte ich stündlich den Tod vor Augen. Ich weiß, was es bedeutet! Mit märchenhaftem Glück bin ich dem entkommen, weil es mir gelang, meine Henker in eine Falle zu locken und zu fliehen.

Wie viele Abschiedsbriefe von meist jungen antifaschistischen Widerstandskämpferinnen und Widerstandskämpfern habe ich gelesen, die diese kurz vor ihrer Hinrichtung noch schreiben konnten. Jeder einzelne erschüttert mich im Innersten. Die Aufzeichnungen, die Mumia aus seiner Todeszelle in die Öffentlichkeit bringen konnte, erinnern mich an die Aufzeichnungen des hingerichteten tschechischen antifaschistischen Widerstandskämpfers Julius Fuczik. Unvergeßlich ist seine „Reportage unter dem Strang", die mit den Worten endet: „Menschen seid wachsam!"

Nie werde ich vergessen, wie ich in meiner Jugend zum ersten Mal internationale Solidarität erlebte. Ich geriet zufällig in eine Kundgebung in meiner Heimatstadt Frankfurt am Main. Ich hörte erstmalig von Justizmord in den USA. Es ging um Sacco und Vanzetti. Diese Solidarität mit Menschen auf der anderen Hälfte des Erdballes, unschuldig zum Tode verurteilt und hingerichtet, beeindruckte mich so sehr, daß sie für mich zum Schlüsselerlebnis wurde und den damals Vierzehnjährigen für das ganze Leben, bis in die Gegenwart, zu einem leidenschaftlichen Internationalisten machte.

Ich wünsche mir, daß es jedem jungen Menschen so ergeht nach der Lektüre dieses Buches und auch bei der

Teilnahme an kommenden Solidaritätsveranstaltungen für Mumia.

Ich war auch an der Seite der internationalen Widerstandsbewegung gegen den Nazifaschismus, der internationalen Protestbewegungen gegen die Justizmorde an Ethel und Julius Rosenberg in den 50er Jahren in den USA, für den Afroamerikaner George Jackson, für die Befreiung von Angela Davis, die unschuldig in den USA im Gefängnis saß.

Wer weiß es nicht, daß sich Justizmorde wie ein roter Faden durch die Geschichte der US-Justiz ziehen und daß ein großer Teil der Strafverfahren, die mit Todesstrafen enden, vor allem gegen Schwarze gerichtet sind, wie bei Mumia Abu-Jamal.

Wenn wir Menschen zur Solidarität mit Mumia Abu-Jamal mobilisieren, alarmieren wir sie gegen den Rassismus. Eine Pflicht, die die jüngste deutsche Geschichte uns diktiert. Wir müssen an der Spitze des internationalen Protestes stehen, gegen die drohende Hinrichtung von Mumia Abu-Jamal! Es gibt wohl kaum ein anderes Volk in der Welt, das wie das deutsche erfahren hat, was Rassismus bedeutet und wohin er führt. Niemals darf in Vergessenheit geraten, wie mit der Herrenrassen-Ideologie eine ganze Nation dazu gebracht wurde, pflichtgemäß als nationalen Auftrag Völkermassen als minderwertig, als nicht lebensberechtigt anzusehen und industriemäßig auszurotten, wie Ungeziefer zu vernichten.

Diese Geschichte verpflichtet die Deutschen wie keine anderen auf dieser Erde, politisch und moralisch am lautstärksten aufzuschreien und den Rassismus zu bekämpfen, wann und wo er auch zu Tage tritt; und sich mit jedem zu solidarisieren, der aus rassistischen Gründen verfolgt, beleidigt, verletzt wird und vor allem, dessen Leben bedroht wird. Wir schulden es der Welt, wir schulden es den Opfern des Rassismus und des Faschismus, und wir schulden es den antifaschistischen Widerstandskämpferinnen und -kämpfern. Vor allem angesichts dessen, wie beängstigend virulent der Rassismus in der deutschen Bevölkerung ist. Wir leben in einem Land, das seine Vergangenheit nie wirklich aufgearbeitet hat, das weder Herrenmenschentum noch Ausländerfeindlichkeit jemals wirklich abschwor. Wo, wie in Hessen, ein Mann mit einer ausländerfeindlichen Unterschriftenkampagne zum Ministerpräsidenten werden konnte.

So geht es zugleich um Deutschland und um uns, wenn wir Menschen zur Solidarität mit Mumia Abu-Jamal aufrufen, sie zum unüberhörbaren Protest gegen seine bevorstehende Hinrichtung auffordern. Es ist ein wichtiger Beitrag, um auch das humanistische Erbe der deutschen Vergangenheit im Bewußtsein unserer Bevölkerung zu verankern.

Weder Sacco und Vanzetti noch Ethel und Julius Rosenberg noch George Jackson konnte die internationale Solidaritätsbewegung retten. Aber sie konnte in Südafrika die weißen rassistischen Herrscher davon abhalten, Nelson Mandela zu töten, als er im Gefängnis saß. Die Solidarität mit Angela Davis hat sie aus dem Gefängnis befreit.

Vom Mumia kommen die Worte: „Diese Solidarität bringt mich vom Tode zum Leben." Wir dürfen uns nicht entmutigen lassen, niemals! Immer wieder hat der Gouverneur Tom Ridge ein Datum für die Hinrichtung durch die Giftspritze festgelegt. Die weltweite Solidaritätsbewegung hat Mumias Tod immer wieder verhindert. Verstärken wir den Kampf, Mumia zu retten! „Wer kämpft, kann verlieren, wer nicht kämpft, hat schon verloren!" Kämpfen wir also, um Mumia Abu-Jamal den Machenschaften der US-Justiz zu entreißen! Wir dürfen nicht ruhen, denn ohne Solidarität ist ein Sieg nicht möglich. Schließen wir unsere Kräfte zusammen!

Damit die Solidarität Mumia vom Tod ins Leben bringt!

Peter Gingold
Mitglied der Vereinigung der Verfolgten des Naziregimes/
Bund der Antifaschisten (VVN/BdA)

Vorwort von Mumia Abu-Jamal

Erzählt mir nichts vom Schattenreich des Todes. Ich lebe dort. Im Landkreis Huntingdon im mittleren Süden Pennsylvanias steht ein hundert Jahre altes Gefängnis. Seine düsteren gotischen Türme verheißen nichts Gutes, zu ihren Füßen meint man den Hauch des finstren Mittelalters zu verspüren. Wie ich verbringen ungefähr 78 andere Gefangene täglich 22 Stunden in zwei mal drei Meter großen Zellen.[10] Die verbleibenden zwei Stunden dürfen wir unter der Kontrolle der Wachtürme draußen verbringen, in einem Käfig aus Maschendraht.

Willkommen in den Todeszellen von Pennsylvania.

Ich kann es immer noch nicht fassen. Vor ein paar Jahren hat der Oberste Gerichtshof von Pennsylvania das Todesurteil gegen mich mit den Stimmen von vier Richtern bestätigt (drei nahmen an der Sitzung nicht teil). Als schwarzer Journalist, der in jungen Jahren ein Black Panther[11] war, habe ich mich intensiv mit der langen Geschichte der legalen Lynchjustiz an Afrikanern in Amerika beschäftigt. Ich erinnere mich an eine Titelseite der *Black Panther*-Zeitung mit dem Zitat: „Kein schwarzer Mann hat Rechte, die ein weißer Mann respektieren müßte“. Es wird Richter Roger Taney zugeschrieben, dem damaligen Vorsitzenden des

Obersten US-Bundesgerichts, und es soll in dem berühmt-berüchtigten *Dred-Scott*-Prozeß[12] gefallen sein, in dessen Verlauf das Gericht befand, daß weder Afrikanern noch ihren „freien" Abkömmlingen verfassungsmäßige Rechte zustünden. Kaum zu glauben, aber wahr.

Vielleicht bin ich naiv, vielleicht auch einfach nur dumm - aber ich habe trotz allem fest daran geglaubt, daß man sich in meinem Fall an das Gesetz halten und das Urteil revidieren würde. Wirklich!

Trotz des brutalen Massakers vom 13. Mai 1985 in Philadelphia gegen MOVE[13], das der Verhaftung Ramona Africas vorausging, trotz der nie geahndeten, blutigen Polizeimorde an Eleanor Bumpurs, Michael Stewart, Clement Lloyd, Allan Blanchard[14] und an zahllosen anderen Afroamerikanern von New York bis Miami, ich glaubte daran. Selbst angesichts der aktuellen Welle massiven Staatsterrors gegen Schwarze meinte ich noch, *daß meine Berufung erfolgreich sein würde.* Tief in mir hielt ich noch immer an dem Glauben an die Gesetze der Vereinigten Staaten fest, und ich war fassungslos, als ich schließlich realisierte, daß die Berufung wirklich abgewiesen worden war. Intellektuell hatte ich zwar begriffen, daß die amerikanischen Gerichte ein Sammelbecken des Rassismus sind und historisch betrachtet schwarze Angeklagte vor allem als Feinde behandelt hatten. Doch die lebenslange Propaganda über „Gerechtigkeit" in Amerika hat auch bei mir ihre subtile Wirkung nicht verfehlt.

Um die Wahrheit zu erkennen, die hinter schwarzen Roben und Versprechungen von gleichen Rechten verborgen ist, brauche ich mich eigentlich nur im eigenen Land umzusehen: 40 Prozent der zum Tode Verurteilten waren im Dezember 1994 Schwarze[15], in Pennsylvania waren es sogar 111 von 184 Personen, also über 60 Prozent[16]. Dagegen machen Schwarze insgesamt nur knapp über 9 Prozent der Bevölkerung Pennsylvanias aus und etwas weniger als 11 Prozent der US-amerikanischen Gesamtbevölkerung.[17]

Es ist, wie gesagt, schwer, der Propaganda über „Gerechtigkeit" nicht aufzusitzen, aber gemeinsam können wir es vielleicht schaffen. Wie? Sehen wir uns nur einmal dieses Zitat eines führenden Anwalts aus Philadelphia namens David Kairys an, das ich in einer juristischen Veröffentlichung von 1982 gefunden habe: „Das Recht ist die Fortsetzung der Politik mit anderen Mitteln."[18] Ein solcher Satz wirft ein grelles Licht auf die Funktionsweise von Gerichten, sei es nun heute oder vor 138 Jahren im Fall *Dred Scott*. Es geht nicht um „Recht", es geht um „Politik mit anderen Mitteln". Liegt darin nicht die ganze Wahrheit?

Ich kämpfe weiter gegen das ungerechte Urteil gegen mich. Vielleicht gelingt es uns ja, einige der gefährlichen Mythen zu zerstören, die unserem Denken übergestülpt worden sind - zum Beispiel der Mythos vom „Recht" auf ein nicht befangenes und unparteiisches Geschworenengericht mit Geschworenen „aus unserer Mitte" (jury of our peers), der Mythos vom „Recht", sich selbst zu verteidigen, oder gar der Mythos vom „Recht“ auf einen fairen Prozeß. All dies sind nämlich nicht wirklich Rechte, sondern Privilegien der Mächtigen und der Reichen. Für die Schwachen und die Armen sind sie Seifenblasen, die zerplatzen, sobald man nach ihnen greift und sie als etwas Reales, Substantielles für sich in Anspruch nehmen will. Erwartet nicht, daß euch die Medien hierüber informieren. Sie können es nicht, denn die Interessen von Medien und Regierung und auch von den Großkonzernen, in deren Dienst beide stehen, sind zu eng miteinander verflochten.

Aber ich kann es.

Und ich werde es tun, selbst wenn ich gezwungen bin, es aus dem Schattenreich des Todes heraus zu tun.

Aus der Todeszelle - Mumia Abu-Jamal.
Dezember 1994

Einleitung von John Edgar Wideman

Sich der Schrecken der afrikanisch-amerikanischen Geschichte zu erinnern und sich der Herausforderung dieser Geschichte zu stellen, ist, als würden wir eine schwierige, unangenehme Pflicht auf uns nehmen, die wir schon lange vor uns hergeschoben haben. In unseren Herzen wissen wir, daß wir uns der Auseinandersetzung stellen müssen, aber wir schieben sie auf, verdrängen sie, als ob wir der Bürde, die wir tragen, der Verantwortung, die wir übernehmen müssen, durch einfaches Hinauszögern entgehen könnten.

Mumia Abu-Jamal zwingt uns, uns mit dieser Bürde unserer Geschichte zu konfrontieren. In einer seiner Kolumnen aus der Todeszelle zitiert er ausführlich aus einer Entscheidung des Obersten Bundesgerichts der USA aus dem Jahr 1857. In der Sache, die dem Gericht zur Entscheidung vorlag, geht es darum, ob die Nachkommen von Sklaven nach ihrer Freilassung die vollen Bürgerrechte der Vereinigten Staaten genießen sollen. Dazu der Vorsitzende Richter Roger Taney:

> »Nach unserer Auffassung fallen sie nicht unter den Begriff „Bürger" in der Verfassung, fielen nie darunter und sollten dies auch nie. Sie können deshalb keines

der Rechte und Privilegien der Vereinigten Staaten für sich reklamieren. (...)
(Eine) unüberwindliche Barriere sollte für alle Zeiten zwischen der weißen und jener Rasse errichtet werden, die sie zu Sklaven erniedrigt und zu Untertanen gemacht hatte, über die sie mit absoluter und despotischer Macht herrschte, und die sie in der biologischen Ordnung als so weit unter sich stehend betrachtete, daß sie Mischehen zwischen Weißen und Negern oder Mulatten als wider die Natur und wider die Moral betrachtete und als Verbrechen bestrafte.[19] «

Richter Taney bestätigt als Sprecher des Gerichts den Standpunkt seiner Vorfahren und formuliert eine Einstellung, die sich bis heute behauptet hat.

Mumia macht uns darauf aufmerksam, daß Thurgood Marshall, der als erster Mensch afrikanischer Herkunft an das Oberste Bundesgericht der USA berufen wurde, nur Stunden nach Niederlegung seines Amtes bekannte, daß „ich noch immer nicht frei bin".[20]

In einem anderen Essay geht es um Nelson Mandela. Als der politische Gefangene Mandela nach siebenundzwanzig Jahren Gefangenschaft in Südafrika freigelassen wurde - als Held, als Führer und Befreier seines Volkes geehrt und gefeiert und als der mächtigste Mann in seinem Land, als Hoffnungsträger für den Frieden und möglicher nächster Präsident anerkannt -, da hatte er noch nicht einmal das Recht zu wählen.

Mumia Abu-Jamal überprüft in seinen Essays beharrlich den wahren Gehalt von Nachrichten, überprüft die Wirklichkeit. Er erinnert uns daran, daß wir die Bürde unserer Vergangenheit verstehen müssen, wenn wir uns in der Gegenwart bewußt bewegen wollen.

Da sitzt einer wie Mumia Abu-Jamal im Gefängnis - genaugenommen in einem Gefängnis im Gefängnis, denn er sitzt in der Todeszelle -, und sein Alltag scheint wenig mit unserem gemein zu haben, denn wir leben in der sogenannten Freiheit. Doch wenn wir genauer darüber nachdenken, dann stellt sich die Frage: „Wer sitzt eigentlich nicht in der Todeszelle?" Vielleicht liegt eine vernünftige Begrenztheit der menschlichen Natur darin, daß wir uns, obwohl die Todesstrafe in jedem Augenblick unseres Daseins wie ein Damoklesschwert über unseren Köpfen schwebt, beharrlich der Gestaltung eines sinnvollen Lebens widmen.

Unserer Sterblichkeit können wir nicht entrinnen, und doch brauchen wir uns nicht in die nächste Ecke zu verkriechen und auf das Ende zu warten. Die täglich überwältigende Flut von schlimmen Nachrichten darf uns nicht aus dem Tritt bringen, und wir dürfen sie auch nicht zum Vorwand dafür nehmen, daß wir die Hände in den Schoß legen, die Augen verschließen, allem aus dem Weg gehen, uns hinter imaginären Mauern verstecken und so tun, als wenn uns nichts etwas anginge.

Es gibt Alternativen. Wir können kämpfen. Wir können darum kämpfen, zusammenzukommen und ein besseres Bild von uns selbst zu entwerfen. Ein besseres Bild von der

Welt zu entwerfen. Schritt für Schritt und Tag für Tag die Verantwortung dafür zu übernehmen, die kleinen Dinge, die wir in der Hand haben, zu verändern, und die großen Dinge, die scheinbar nicht in unseren Händen liegen, nicht so zu akzeptieren, wie sie sind. Das Leben und die Essays von Mumia Abu-Jamal geben uns ein Beispiel für diesen Kampf.

Um mit meinem jüngeren Bruder zusammenzukommen, der in einem pennsylvanischen Gefängnis eine lebenslange Freiheitsstrafe abzusitzen hatte, schrieb ich 1981 zusammen mit ihm ein Buch mit dem Titel *Brothers and Keepers.* Bei den Recherchen dafür stieß ich auf eisige Fakten: Mein Land, die Vereinigten Staaten von Amerika, rangierten im weltweiten Vergleich der Gefangenenrate pro Einwohner auf dem dritten Platz und wurde nur noch von Rußland und Südafrika übertroffen.

Wer hätte geahnt, daß dreizehn Jahre später in zweien der Länder, die damals noch die Spitzenplätze dieser Statistik einnahmen, innere Revolutionen die mächtigen Regierungen gestürzt haben würden. Jetzt sind wir die Nummer eins. Und trotz der Warnung, die in dem Untergang der anderen Regierungen liegt, die auf Repression statt auf Reform gesetzt hatten, bauen wir immer mehr Gefängnisse, so schnell wir nur können.

Die eingängige Idee, das Einsperren von Menschen sei ein Allheilmittel gegen soziale, ökonomische und politische Probleme, beherrscht die gegenwärtige politische Diskussion. Als ich im letzten Herbst auf einer Lesungsreise in verschiedenen Städten gastierte, stand überall in den Wahlwerbespots im Fernsehen eine dramatische Frage im Vordergrund: Welcher Kandidat greift härter gegen die Kriminalität durch?

Noch ein anderes aktuelles Thema verfolgte mich auf dieser Reise in allen überregionalen und lokalen Zeitungen, in den Fernsehnachrichten, in Talkshows und Radiosendungen: die Kontroverse um den IQ, die sich an der Veröffentlichung verschiedener Bücher entzündet hatte, die behaupteten, die angeborene Intelligenz von Schwarzen sei niedriger als die von Weißen. Warum diese umfassende, aufgeregte Berichterstattung über dieses alte, angestaubte Thema?

Daß es Leute gibt, die glauben, daß Schwarze minderwertig sind und es geradezu genetisch determiniert ist, daß sie auf der untersten Stufe der Gesellschaft stehen, ist nichts Neues. Genausowenig neu ist die Strategie, das Opfer für seine Unterdrückung selbst verantwortlich zu machen. Sie hat eine mindestens ebenso lange Geschichte wie der europäische Sklavenhandel in Afrika. Ich erinnere mich an die Zeit vor dreißig Jahren, als ich Mitglied von Zulassungskommissionen für die Collegeausbildung war. Viele von denen, die heute in den Chor einstimmen, Schwarze stünden intellektuell auf einer niedrigeren Stufe, hörte ich damals schon ähnliche Töne anschlagen, wenn nach rationalen Erklärungen für den geringen Anteil an Schwarzen in der Hochschulausbildung gesucht wurde.

Es ist nichts Neues, daß einige *Experten* weiter daran glauben, Schwarze wären von Natur aus minderwertig (oder es behaupten, ohne wirklich daran zu glauben, denn sie müßten eigentlich wissen, daß die Grundbegriffe in dieser Debatte - Rasse und Intelligenz - im günstigsten Fall problematisch, im schlechtesten Fall mit böser Absicht erfunden worden sind, und sie müßten wissen, daß auch Berge von Tabellen, Graphiken, Statistiken und Experimenten nicht in der Lage sind, in sich nicht korrekte und nicht überprüfbare Prämissen und Vermutungen zu bestätigen oder zu widerlegen - how many angels can fit on the head of a pin? - wer weiß schon, wieviele Engel auf einen Stecknadelkopf passen?). Die IQ-Kontroverse ist nichts Neues, sie ist aber ein bedenkliches Zeichen dafür, wie Desinformation und Repression zusammenwirken können. Die Vernichtung von Juden ist leichter durchzuführen, wenn man dafür „wissenschaftlich" klingende Argumente liefern kann.

Hinter der Behauptung, bei Schwarzen sei ein biologisch begründetes Defizit des IQ festzustellen, steckt mehr als böswilliger grober Unfug. Es ist ein durchsichtiges Manöver, mit dem gerechtfertigt (und aus dem nationalen Bewußtsein getilgt) werden soll, daß seit dreißig Jahren vom Versprechen der Gleichheit, das die Bürgerrechtsbewegung in den 60er Jahren erzwungen hatte, abgerückt wird.

Den Afroamerikanern hat dieses Abrücken auf der einen Seite eine leicht angewachsene Mittelklasse beschert, auf der anderen eine wachsende farbige Unterschicht, die auf der untersten Stufe einer Wirtschaftsordnung steht, in der es für sie keinen Aufstieg gibt. Für die weißen Amerikaner hat sie eine ebenso einschneidende Polarisierung und Umschichtung der Klassen gebracht wie für die Schwarzen. Ganz unten stehen die, die sich einmal selbstbewußt und ambitioniert als Arbeiterinnen und Arbeiter definiert haben und nun mehr und mehr in den Strudel von Arbeitslosigkeit und Armut, Sozialfürsorge, mangelhafter Schulbildung und Instabilität gerissen werden. In der Mitte hält sich voller Unmut, Zittern und Zagen die schnell kleiner werdende Mehrheit. Sie wissen, daß sie einen Drahtseilakt vollführen - sie balancieren weg von der unerbittlichen Armut und zu auf den Traum vom grenzenlosen Reichtum, der sicheren Schutz vor Krisenzeiten gewährt. Sie wissen auch, daß das Drahtseil ins Nichts führt (wenn sie nicht im Lotto gewinnen), nur zum nächsten noch aufreibenderen, noch gefährlicheren Schritt auf dem messerscharfen Seil oder aber zum plötzlichen Sturz in den Abgrund. Ganz oben an der Spitze schließlich steht eine verschwindend kleine Minderheit, deren Wohlstand eine Mauer bildet, die sie gegen das Chaos sozialer Instabilität schützt - eine Mauer, die eine Reaktion auf das moralische Chaos ist, das die Ungleichheit verursacht, und die gleichzeitig darauf basiert.

Die soziale Landschaft, die heute vor uns liegt, braucht dringender eine radikale Veränderung als die der 60er Jahre (oder zumindest genauso dringend). Die damalige Ära gab einen starken Impuls für Veränderungen - wenn er auch brüchig war, weil sie nicht konsequent verwirklicht wurden. Doch heute werden wir von entgegengesetzten Kräften getrieben. Die Mauern, die die Amerikaner und Amerikanerinnen nach Rasse, Geschlecht, Klasse und Region voneinander trennen, werden gutgeheißen und begrüßt, aber nicht etwa, weil Vielfalt gewünscht ist und es das Bestreben gibt, wirkliche Einheit durch gegenseitigen Respekt und Versöhnung zu erreichen. Gefängnismauern sollen die endgültige Lösung bringen. Sie stehen als Symbol für unsere Kurzsichtigkeit, für unsere Ängste vor den eigentlichen Problemen, die uns alle gefangenhalten. Das Schlimme ist, wie blind und begeistert wir denen folgen, die eben jene Mauern errichten, die unser aller Verhängnis sind.

Mumia Abu-Jamals Stimme gilt als gefährlich und subversiv. Beim National Public Radio - um nur eines der einflußreichen Medien zu nennen - fiel sie deshalb der Zensur zum Opfer. Es sind viele Bücher über Schwarze auf dem Markt, darunter eine Menge gutgehender Biographien und Autobiographien - angefangen bei Ophrah über O.J. bis hin zu Maya Angelou.[21] Was unterscheidet Mumias Geschichte von den anderen, warum wirkt sie als Bedrohung?

Erinnern wir uns, daß Sklavenliteratur und das sich später daran orientierende Genre - die zahllosen, den Sklavenerzählungen in Form und Inhalt nachempfundenen Biographien und Autobiographien über Schwarze, die ihr Elend überwinden - immer schon Bestseller waren. Der Handlungsablauf ist genauso aufgebaut, wie die Amerikaner es für den Lebenslauf eines schwarzen Menschen angemessen finden. Die moderne Sklavenliteratur vermittelt eine Botschaft, die die meisten Leute, die sich Bücher leisten können, gerne hören wollen.

Diese Botschaft hat eine elementare *Tiefenstruktur*, die mit unendlichen Variationsmöglichkeiten von immer wieder anderen Stimmen immer wieder anders verpackt wird. Ausgangs- und Endpunkt der Sklavenliteratur des 19. Jahrhunderts war eine zweigeteilte Welt, in der es nur ein Entweder-Oder gibt. Die Handlung dreht sich um den Übergang von der einen in die andere Welt. Wir werden Zeugen, wie die Hauptperson, ein vereinzeltes Individuum und besonders herausgestellter Star, seine oder ihre *rites de passage* vollzieht. Vom Süden zum Norden, vom Land in die Stadt, von einer schwarzen Umgebung (Plantage) in eine weiße Umgebung (die ist überall, auch in der Sprache, in der der Erzähler oder die Erzählerin mit den Lesern kommuniziert), von der Sprachlosigkeit zum Lesen und Schreiben - all dies sind klassische Grenzüberschreitungen, die der Protagonist in diesen Märchen vollzieht. Wenn man sich die modernen Varianten dieser Dichotomien vornimmt - vom Ghetto in die Mittelschicht, von Unwissenheit zu Bildung, vom Hilfsarbeiter zum Akademiker, vom verachteten Gangster zum aufgeklärten Wortführer -, sieht man, wie dauerhaft und anpassungsfähig dieses Muster ist.

Das Muster der modernen Sklavenliteratur verkauft sich gut, weil es einfach ist, weil es die Kategorien des Status quo (zum Beispiel schwarz/weiß) akzeptiert und erhält, weil es Individuen und nicht Gruppen sind, die Grenzen überschreiten, weil es die Mächtigen stützt und beruhigt und den Ohnmächtigen ein Fünkchen Hoffnung gibt. Auch wenn die bestehende gesellschaftliche Ordnung die Schrecken der

Plantagen, Ghettos und Gefängnisse möglich macht - und das ist die Lehre aus den Geschichten - so erlaubt sie doch einigen, den Schrecken zu entkommen. Also ist diese Ordnung nicht grundsätzlich schlecht. Niemand ist absolut schuldig, und die Unterdrückten (Sklaven, Gefangene, Ghettobewohner) sind nicht völlig frei von Schuld. Wenn einige es schaffen, warum schaffen es dann nicht auch die anderen?

Die stellvertretende Identifikation mit den bewegenden Abenteuern des Erzählers, insbesondere wenn die Geschichte in der Ich-Form geschrieben ist, erlaubt es dem Leser und der Leserin, ein Stück vom großen Kuchen zu ergattern und am Tisch mitzuessen. Sie erleben, wie spannend und aufregend es ist, ein Außenseiter zu sein. Vom sicheren Lehnsessel aus können sie den schlauen Sklaven anfeuern, der gegen ein empörendes böses System angeht, das die Knechtschaft für Recht und Gesetz erklärt. Die Leserinnen und Leser können für einen wunderbaren Moment vergessen, daß sie auf genau dieses System bauen, um das Buch, den Lehnsessel bezahlen zu können.

Die moderne Sklavenliteratur hat also dieselbe ambivalente Funktion wie ihre Vorläufer. Das Schicksal eines schwarzen Individuums wird in den Vordergrund gestellt und aus dem Netz systemischer Bezüge herausgelöst, die alle amerikanischen Lebensläufe miteinander verbinden, definieren, bestimmen und unterminieren. Diese Sichtweise auf das Leben von Schwarzen ignoriert den Status quo der Apartheid oder schreibt ihn sogar fest. Trennende Kategorien wie

Sklave/Freier, schwarz/weiß, Unterschicht/Mittelschicht, weiblich/männlich, die die Welt in den Erzählungen strukturieren, werden nicht hinterfragt. Die Idee eines kollektiven, miteinander verflochtenen Schicksals verliert an Bedeutung. Ironischerweise perpetuiert gerade das Genre die uns prägenden Mechanismen von Klasse, Rasse und Geschlecht, das von sich behauptet, Möglichkeiten aufzuzeigen, Grenzen zu überschreiten und die Bedingungen zu transzendieren, in die der Mensch geboren wird.

Mumia Abu-Jamals Essays thematisieren Fragen, die von den meisten populären Geschichten über Schwarze, von denen die Buchläden heute voll sind, gar nicht berührt werden. Und genau darin liegt die Kraft und die Eindringlichkeit seines Schreibens.

Seine Essays sind wichtig, weil sie abweichen und ein Korrektiv sind. Er untersucht den Ort, an dem er sich befindet - *das Gefängnis* -, seinen Status - *Gefangener, schwarzer Mann* -, er weigert sich aber, die Idee von Differenz und Trennung zu akzeptieren, die sich durch diese Etikettierungen vermittelt. Er sehnt sich nach Freiheit, er verlangt sie, und setzt sie doch nicht gleich mit der Entlassung aus dem Gefängnis, verwechselt sie nicht mit dem, was seine Bewacher ihm gewähren oder nehmen können, reduziert den Freiheitsgedanken nicht auf die Welt hinter den Gittern, aus der heraus die Schließer täglich ihren Dienst antreten. Er widmet sich der persönlichen Befreiung, aber er trennt sie gedanklich nicht vom kollektiven Schicksal der Schwarzen, sondern betrachtet sie als partiell abhängig davon. Er spaltet seine Welt nicht in zwei Teile auf, um sich der geteilten Welt des Gefängnisses anzupassen. Er beschreibt die Notwendigkeit, Verbindungen herzustellen und überläßt keiner Person oder Gruppe die Macht, ihn zu bestimmen. Sein Schicksal, sein Menschsein ist nicht an den verzweifelten, eindimensionalen Drang gekoppelt, daß er den Übergang in eine Sphäre schafft, die anderen gehört oder von ihnen kontrolliert wird. Was er ist, wer er werden kann, ergibt sich unabhängig von den äußeren Umständen aus seinem täglichen Kampf um die Entwicklung einer Identität.

Ist nicht eine der Lehren der afrikanisch-amerikanischen Kultur, daß es eine Wirklichkeit unter, über und neben dem gibt, was sichtbar ist? Unsere Geschichte zeugt davon, daß unsere Lebensart, unsere Kunst und unsere seelisch-geistige Kraft im Angesicht extremer physischer Deprivation gedeihen kann. Erreichen uns nicht gerade in diesem Moment die Worte Mumia Abu-Jamals trotz Gefängnisgittern und Todesstrafe und liefern damit ein weiteres Beispiel für unsere Fähigkeit, immer wieder weiterzumachen?

Die wichtigste Wahrheit, die Mumia uns mitteilt, ist, daß er noch nicht tot ist. Er versichert uns aber gleichzeitig, daß seine Stimme nicht etwa deshalb so voller Lebenskraft und Stärke ist, weil niemand ihn töten oder zum Schweigen bringen will. Das Gegenteil ist der Fall. Ihre Kraft erwächst aus seinem Widerstand gegen die, die ihn zum Verstummen bringen wollen. Wie durch Zauberei werden Mumias Worte durch die giftige Atmosphäre der

Restriktionen, die sie auf ihrem Weg zu uns durchdringen müssen, rein und klar. Wie der Blues. Wie der Jazz.

Erinnern wir uns an das schöne Märchen vom Kaiser und seinen neuen Kleidern. Als der Kaiser vermeintlich in prachtvolles Tuch gekleidet vorüberstolziert, platzt ein Kind heraus: „Aber er ist ja ganz nackt!" Was mag wohl dem Kind widerfahren sein, das dem Kaiser seinen Auftritt verdorben hat? Denken wir daran, was den schwarzen Männern widerfahren ist - Martin, Malcolm, Mandela -, die laut gerufen haben: „Aber er ist ja ganz nackt!" Wenn das schöne Märchen heute in einer amerikanischen Stadt spielen würde und das Kind ein schwarzer Junge wäre, dann würde er erschossen oder eingesperrt oder beides. Niemand - schon gar nicht die, die am meisten davon profitieren - will die schlechten Nachrichten hören, die Wahrheit, die den Selbstbetrug des Kaisers offenbart.

Der große nigerianische Romanschriftsteller Chinua Achebe zeigt uns, daß der Dichter und der König sich nicht zu sehr miteinander anfreunden dürfen. Denn es ist die Aufgabe des Dichters, dem Volk die schlechten Botschaften zu überbringen, die niemand hören würde, wenn der König es täte.

Die besten Sklavenerzählungen und die besten Gefängniserzählungen haben implizit und explizit immer auch tiefgehende Fragen zum Sinn eines Lebens gestellt. Ein Teil der Leistungen des Blues, des Jazz, unseres größten künstlerischen Schaffens, ist es (Danke, Mr. Ellison) *das Chaos sichtbar zu machen, das inmitten der Strukturen unserer Sicherheiten lebt.* In einer neuen Welt, in die Afrikanerinnen und Afrikaner gebracht wurden, um dort zu arbeiten und zu sterben, ohne Spuren zu hinterlassen, brauchten wir freie Stimmen, die unser Schicksal umformulierten - Stimmen, die sich nicht von den Worten anderer verblenden ließen. Die Fähigkeit, sie an den sonderbarsten, dunkelsten, unmöglichsten Orten aufzuspüren, ist lange in uns gewachsen. Ein ganzer Chor dieser Stimmen existiert in der *Great Time*, dem Medium, das Vergangenheit, Gegenwart und Zukunft miteinander verschmelzen läßt. Sie sind immer da, wenn wir uns nur anstrengen, sie herauszuhören. Lauscht auf diese Stimmen, auf uns selbst, lauscht auf das Beste, was wir geschrieben und gesagt und ertanzt und gemalt und gesungen haben. Die afrikanisch-amerikanische Kultur könnte trotz der Belastungen und der Angriffe, die sie erfahren hat, ein Schlüssel zum Überleben unserer Nation sein, ein Schlüssel, der nicht in dem bloßen Bestreben nach materiellem Wohlstand zu finden ist, sondern in der Kraft des Geistes, im Willen, in der Solidarität der Communities.

Mumia Abu-Jamal kann uns helfen, Mauern niederzureißen, weil er die Wahrheit sagt - Gefängnismauern und die Mauern, hinter denen wir uns verstecken, um uns der Bürde unserer Geschichte zu verweigern.

Teil eins

Leben in der Todeszelle

Gratwanderung zwischen Leben und Tod

»Um das rechte Verhältnis herzustellen, müßte die Todesstrafe gegen einen Verbrecher verhängt werden, der sein Opfer zunächst warnt, daß er es an einem bestimmten Tag auf schrecklichste Weise ermorden wird, und es von diesem Moment an monatelang in seiner Gewalt gefangenhält. Ein solches Ungeheuer wird man im privaten Bereich nicht finden.«
Albert Camus[22]

„Zum Hofgang!“

Endlich wird zum letzten Hofgang für diesen Tag aufgerufen. „Todeszellen, Station vier, fünf und sechs - zum Hofgang!“ bellt der korpulente Vollzugsbeamte mit ländlichem, für das städtische Ohr befremdlichem Akzent.

Eine nach der anderen werden die Türen für den alltäglichen Treck von den Zellen in den Hof aufgeschlossen. Mann für Mann wird von schlagstockbewehrten Wärtern am ganzen Körper abgetastet und dann mit Metallsuchgeräten kontrolliert.

Kaum im Hof angekommen, grollt es über den Köpfen der Gefangenen aus dem hochsommerlichen Himmel, dessen dunkle Wolken sich energiegeladen und regenschwer zusammenballen. Ein bebrillter Schließer im weißen Hemd wendet sein bleiches Gesicht nach oben und beobachtet die immer schneller aufziehenden Vorboten der Natur. Das Donnergrollen wird lauter, während schon Regentropfen erdwärts segeln und auf Stahl, Ziegel und Mensch herabplatschen.

„Hofgang Ende!“ brüllt das Weißhemd und ruft damit verärgertes Murren unter den Männern hervor.

„Ende?! Hey, Mann, wir sind doch gerade erst rausgekommen!“

Die Wärter reden ihnen eher beschwichtigend als drohend zu: „Los, Leute, rein, Ende, Ende der Pause. Ihr wißt doch, wir können euch nich' hier draußen lassen, wenn's so donnert und blitzt.“

„Ach nee, und warum nicht? Ihr habt wohl Schiß, die Blitze könnten dem elektrischen Stuhl die Arbeit abnehmen?“ fragt ein Häftling.

„Das is' ja vielleicht 'n blöder Hund!“ fügt ein anderer hinzu, „die haben echt Angst, daß sie Job und Lohn verlieren, wenn uns der Blitz trifft!“

Ein paar schallende Lachsalven, und dann wächst die Marschkolonne vom Hof zurück in die Zellen wieder an. Normalerweise dauert der Hofgang zwei Stunden, heute aber kaum zehn Minuten, damit nicht etwa das Schicksal den vom Staat zum Tode Verurteilten ein vorzeitiges Ableben beschert.

Für ungefähr 2.400 Menschen in Staats- oder Bundesgefängnissen sieht das Leben anders aus als für alle anderen in den Anstalten. Sie sind Amerikas „Verdammte", gebrandmarkt mit einem Stigma, neben dem sich das Etikett „Gefangener" geradezu harmlos ausnimmt. Sie sitzen in den Todeszellen Amerikas, Männer und Frauen unter der Gerichtsbarkeit von 34 Bundesstaaten oder der US-Bundesregierung, die sich auf dem rasiermesserscharfen Grat zwischen Quasi-Leben und sicherem Tod bewegen. Der größte Todestrakt befindet sich in Texas. Von den insgesamt 324 Gefangenen dort sind 120 Afroamerikaner, 144 Weiße, 52 Hispanics, vier Native Americans[23] und vier Amerikaner asiatischer Abstammung. Die kleinsten Todestrakte sind in Connecticut (zwei Weiße), New Mexico (ein Native American, ein Weißer) und Wyoming (zwei Weiße).[24]

Im Todestrakt ist die Welt schwärzer als sonst irgendwo. Afroamerikaner, die statistisch nur 12 Prozent der Bevölkerung der USA ausmachen, stellen ungefähr 40 Prozent der Insassen von Todeszellen. Zu ihnen zähle auch ich, der Autor dieser Zeilen.

Kontrolle

Meine Aufzeichnungen entstehen in Pennsylvanias größtem Todestrakt, in der staatlichen Strafvollzugsanstalt Huntingdon im ländlichen Süden Mittelpennsylvanias. Ich bin nur einer von 123 Menschen, die hier ihren Tod erwarten. Seit Sommer 1983 lebe ich in dieser dumpfen Todeszone. Schon seit mehreren Jahren habe ich „DC", also verschärften Disziplinarvollzug, weil ich zu meinem Glauben stehe - den Lehren *John Africas* - und vor allem, weil ich mich weigere, mein Haar zu schneiden. Deswegen wurden mir Telefongespräche mit meiner Familie verboten, vorübergehend hat man mich mit Handschellen gefesselt, weil ich mich weigerte, gegen meine Überzeugungen zu handeln.

Das Leben hier schwankt zwischen den Extremen öde und bizarr.

Im Gegensatz zu anderen Gefangenen können Gefangene im Todestrakt ihre „Zeit nicht absitzen". Am Ende des Tunnels erwartet uns nicht die ersehnte Freiheit, sondern Vernichtung. Insofern gibt es für viele hier keinerlei Hoffnung.

Wie in jeder größeren, quasi militärischen Struktur wird auch die Realität im Trakt von Regeln und Vorschriften diktiert. Wie gegen jedes Diktat, das der Persönlichkeit des Menschen übergestülpt wird, regt sich auch hier Widerstand, aber weitaus weniger als man erwarten sollte. Größtenteils sind die Gefangenen aus den Todeszellen diejenigen, die sich am besten führen und am wenigsten Unruhe stiften. Freilich gibt es auch kaum Chancen, sich anders zu verhalten, denn viele „Todesabteilungen" funktionieren nach dem System „22 + 2", das heißt, 22 Stunden Einschluß in der Zelle plus zwei Stunden Freizeit außerhalb. Der Hofgang findet in einer Art Käfig statt, dem „Hundezwinger", umzäunt von zweischneidigem Nato-Stacheldraht.

Alle Todestrakte dienen einem gemeinsamen Hauptziel: „Dem Ablagern von Menschen" in einer „Welt der

Sparmaßnahmen, in der verurteilte Gefangene wie Körper behandelt werden, die man am Leben erhält, um sie später zu töten".[25] Die Gefängnisordnung in pennsylvanischen Todeszellen gehört zu den restriktivsten ganz Amerikas und ist der der berüchtigten Todesabteilung im San Quentin Prison[26] in bezug auf die Härte und die Dauer von Sanktionen fast ebenbürtig. In einigen Staaten sind vier, sechs oder sogar acht Stunden außerhalb der Zelle erlaubt, es gibt Gefängnisarbeit oder sogar Zugang zu Bildungsmaßnahmen. Nicht so in Pennsylvania.

Hier hat man wenig oder kein Seelenleben. Hier entkommen viele dem stets präsenten Schreckgespenst Tod nur mit den üblichen Ablenkungen wie Fernsehen, Radio oder Sport. Fernseher sind zwar erlaubt, aber keine Schreibmaschinen: Seine Energien darf man nach Lust und Laune auf Unterhaltung verschwenden, doch ein für die Befreiung per Gerichtsprozeß fast unentbehrliches Werkzeug gilt als Sicherheitsrisiko.

Ein Gefangener, der mehr an seinem Leben als an Unterhaltung interessiert war, stritt heftig mit der Gefängnisverwaltung um die Erlaubnis zum Kauf einer batteriebetriebenen Schreibmaschine, die weder Metallteile enthielt noch Lärm machte. Wie vorauszusehen, wurde ihm die Erlaubnis aus Sicherheitsgründen verwehrt. „Okay, und wie stuft ihr dann eine 13 Zoll große Glasscheibe ein?" wollte der Gefangene daraufhin wissen. „Ist das etwa kein Sicherheitsrisiko?"

„Wo willst du die denn herkriegen?“ fragte der Gefängnisbeamte zurück.

„Aus meinem Fernseher!“

Antrag auf eine Schreibmaschine abgelehnt.

Fernsehen ist mehr als nur wirksame Ablenkung von einem furchtbaren Schicksal. Es ist ein psychologisches Druckmittel zum Kleinhalten derjenigen, die der entmenschlichenden Isolation in der Todeszelle standzuhalten wagen. Wird man nämlich eines Verstoßes gegen die Gefängnisordnung für schuldig befunden, dann wird einem der Fernseher weggenommen.

Nach Monaten oder Jahren, in denen man Besucher nur hinter einer Trennscheibe empfangen und selten telefonieren kann und die Kommunikation mit der Familie und anderen Menschen langsam verkümmert, wird das Fernsehen für manche zur Nabelschnur, zur psychischen Verbindung mit einer Welt, die sie längst verloren haben. Sie fürchten den Verlust des Mediums und sind von ihm abhängig, genau wie alte Leute, die sich dem Fernsehen zuwenden, weil es ihnen die Illusion menschlicher Gesellschaft gibt. Den Fernseher nur wegen irgendeiner kritischen Handlung oder Äußerung zu verlieren, wäre für viele ein zu hoher Preis.

Erniedrigung

Gefängnisbesuche sind eine Demutsübung. Wie in vielen anderen Staaten, in denen die Todesstrafe existiert, sind auch in Pennsylvania Besuche ohne Körperkontakt die

Norm. Dabei handelt es sich nicht einfach um eine Sicherheitsmaßnahme, sondern um einen systematisch eingesetzten Mechanismus, mit dem Ziel, die emotionale Verbindung zwischen Besucher und Gefangenem zu kappen. Die Besuche finden in einem ungefähr siebeneinhalb Quadratmeter großen, geschlossenen Raum statt. Der Gefangene trägt Handschellen und sitzt hinter einer stahlbewehrten Unterteilung aus Sicherheitsglas und Maschendraht.

Was Besucher nicht zu sehen bekommen, ist der schreckliche Anblick der Leibesvisitation mit Entkleiden und Inspizieren der Körperöffnungen vor dem Besuch. Hat sich der Gefangene ausgezogen, leiert der Durchsuchungsbeamte den bekannten Spruch herunter:

„Mund auf ...
Zunge weit raus ...
Trägst du Zahnprothesen?
Hände vorzeigen, von beiden Seiten ...
Vorhaut zurückziehen ...
Den Sack hochhalten ...
Umdreh'n ...
Nach vorne beugen ...
Arschbacken auseinander ...
Fußsohlen zeigen ...
Anzieh'n!"

Verschiedene Gefangene haben auf dem Verwaltungsweg Protest erhoben und ins Feld geführt, daß solche Durchsuchungen ungerechtfertigt seien, denn vor oder nach Besuchen ohne jeglichen Körperkontakt gebe es keinerlei

Anlaß für Leibesvisitation und Kontrollen der Körperöffnungen. Sie forderten, daß entweder Kontaktbesuche erlaubt oder die entwürdigende Art der Kontrolle eingestellt werden solle. Die Gefängnisbürokraten antworteten auf diesen Vorschlag allerdings genauso, wie sie schon wiederholt bei Anträgen von Strafgefangenen auf Genehmigung von Schreibmaschinen reagiert hatten: Abgelehnt aufgrund des „Sicherheitsrisikos".

Auch auf die Besucher wirkt diese Art der Begegnung beim Besuch stark verunsichernd.

In der Sache *Rhem gegen Malcolm*, einem oft erwähnten Prozeß über Haftbedingungen in New York, zitierte der Richter die Sachverständigenaussage des inzwischen verstorbenen Psychiaters Karl Menninger, der kontaktlose Besuche als das „unangenehmste und am stärksten verunsichernde Detail im gesamten Gefängnis" darstellte und als Praxis, die eine „Verletzung allgemeiner Grundsätze der Menschlichkeit" bedeute. Dr. Menninger stellte fest, es sei „ein so schmerzlicher Anblick, daß ich mich dort in der Regel nicht länger als ein bis zwei Minuten aufhalte. Es ist eine so schmerzliche Sache... Ich empfinde ein derartiges Mitleid und schäme mich so sehr für mich selbst, daß ich den Raum verlassen muß".[27]

Im Grunde zielen die kontaktlosen Besuche darauf ab, die Familienbeziehungen zu schwächen und letztlich aufzulösen. Durch diese systematische Praxis enthält der Staat den Verurteilten vorsätzlich und gezielt grundlegende

Bestandteile und Ausdrucksformen von Menschlichkeit vor - nämlich Berührung und Körperkontakt - und untergräbt damit langsam die ohnehin schon durch die Entfernung zwischen dem Zuhause und dem Gefängnis geschwächten familiären Bindungen. Damit ist der Gefangene psychisch genauso isoliert wie zeitlich und physisch. Durch die Intervention des Staates wird er für die, die ihn kennen und lieben, zu einem „Toten“, und in der Folge auch für sich selbst. Denn was macht eine Person zur Person, wenn nicht ihre sozialen Beziehungen und Bindungen?

Per Richterbeschluß in diesen Hades der Verzweiflung verstoßen, gewaltsam getrennt von den Verwandten, und erdrückt von der doppelten Scham über ihre Situation und über das Verbrechen, das sie an den Rand des Todes gebracht hat, suchen einige die vermeintliche Erlösung im Selbstmord. Andere kämpfen unermüdlich gegen die Mühlen der Justiz an, um ihre Unschuld zu beweisen und das ungerechte Urteil gegen sie zu revidieren. Wieder andere leben so, wie sie auch behandelt werden - als „Schatten [ihres] früheren Selbst in einem Pantomimestück über das Leben, als leere Menschenhüllen“.[28]

Für solche Männer und Frauen ist die eigentliche Hinrichtung nur noch ein *Fait accompli*, eine im Geist bereits vollzogene Formalität, durch die der Staat einen Schlußstrich unter sein gut geplantes Drama zieht, indem er den „Toten“ ein zweites Mal tötet.

Politik und „Gerechtigkeit" des Todes

Im Gegensatz zu vielen Menschen inner- und außerhalb von Gefängnismauern, die über die Vorgänge im US-amerikanischen Obersten Bundesgericht so gut wie gar nicht informiert sind, beobachten einige der Gefangenen in den Todeszellen dieses Gericht mit gespannter Aufmerksamkeit. Nach einer langen Zeit der Angst war für sie die plötzliche Amtsniederlegung von Richter William J. Brennan Jr. eine besonders niederschmetternde Nachricht. Die Serie von Niederlagen, die Prozeßführende in Sachen Todesstrafe in letzter Zeit hinnehmen mußten, bedeutet für alle, die weiter Gesuche nach Strafminderung beim derzeitigen Bundesgericht einreichen, daß auch ihre Bemühungen zum Scheitern verurteilt sind.

Beim Thema Todesstrafe folgt das Gesetz der Tagespolitik, und in diesem Bereich haben die Konservativen die gesellschaftspolitischen Kontroversen der achtziger Jahre mit einem Programm gewonnen, das die Todesstrafe lauthals befürwortet. Das hehre Prinzip der Bindung an frühere Entscheidungen hat in der politisch aufgeheizten Arena der Gerichte nur wenig Gewicht. Statistische Methoden und soziologische Studien, einst als Instrumente zum Hinterfragen von staatlichen Praktiken hoch geschätzt, sind mittlerweile zur bedeutungslosen, rein akademischen Pflichtübung verkümmert.

Letzte Zweifel daran beseitigte das Verfahren *McCleskey gegen Kemp* (1987)[29]. Die Mehrheit der Richter des Obersten Bundesgerichts unter Vorsitz von Richter Powell akzeptierte grundsätzlich die wissenschaftlichen Aussagen der sogenannten „Baldus-Studie“[30], weigerte sich aber, die daraus logisch resultierenden Konsequenzen zu ziehen. Die Studie präsentierte seitenweise Material, das eine krasse, von der Hautfarbe abhängige Ungleichbehandlung bei den in Georgia gefällten Todesurteilen belegte.

Das abweichende Minderheitsvotum des beteiligten Richters Brennan faßt die Konsequenzen der Baldus-Studie in Kurzform zusammen: Angeklagte, die des Mordes an einem Weißen beschuldigt werden, werden mit 4,3 mal höherer Wahrscheinlichkeit zum Tode verurteilt als solche, die wegen Mordes an Schwarzen angeklagt sind; von elf des Mordes an einem Weißen Angeklagten wären sechs nicht zum Tode verurteilt worden, hätte ihr Opfer schwarze Haut gehabt. Insofern wies die Studie nach, daß „eine signifikante Wahrscheinlichkeit besteht, daß die Rassenzugehörigkeit eine ausschlaggebende Rolle bei der Entscheidung spielt, ob [ein Angeklagter] leben oder sterben soll“.

Die Richtermehrheit ergeht sich in endlosen Exkursen und Abschweifungen bei der Begründung, weshalb sie letztlich etwas nicht gelten ließ, was sich auf Grund der Fakten kaum leugnen läßt, - daß nämlich die Rasse des Opfers ein primärer Faktor bei der Entscheidung über Leben und Tod des Angeklagten ist. Da beweist sich doch die alte Redensart, die wir dem Narren Mr. Dooley zu verdanken haben, der gewitzt feststellte: „Ganz wurscht, ob sich die Verfassung nach der Flagge richtet oder nicht, das Oberste Gericht richtet sich nach den Wahlergebnissen.“[31]

Die Forderung McCleskeys, die sich aus komplexem statistischen Material und fundierten wissenschaftlichen Analysen ableitet und sich auf „unser Verständnis der Geschichte und auf menschliche Erfahrungen“[32] stützt, wurde vom Gericht nicht etwa aus rationalen Gründen, sondern aus Angst abgelehnt. Richter Powell wies die Schlußfolgerung der Studie, die [untersuchten] Fakten wiesen deutlich auf einen Bruch der Verfassung hin, zurück und bemerkte sichtlich beunruhigt, daß die „Klage McCleskeys in ihrer logischen Konsequenz die Grundsätze, auf denen unser gesamtes Strafrechtssystem beruht, ernsthaft in Frage stellen würde“.[33]

Eben.

Da McCleskey sich erdreistet hatte, die Gerechtigkeit des gesamten Systems grundsätzlich zu hinterfragen, wurden seine Anträge vom Gericht abgewiesen.

Delbert Tibbs, ein afroamerikanischer Theologiestudent, fand sich eines Tages mitten unter Todessträflingen in Florida wieder. 1974 von einem ganz aus Weißen zusammengesetzten Geschworenengericht für Vergewaltigung mit anschliessendem Mord zum Tode verurteilt, verbrachte er drei furchtbare Jahre im Schatten des Todes, bis das Urteil in der Berufung aufgehoben wurde.

Über seine Geschworenen *(jury of peers)* sagte er:

»*Peer*, das heißt jemand mit demselben sozialen Status, einer unter Gleichen. Ich kannte die Wortdefinition. Doch nichts, was ihren Sinn auch nur annähernd entsprochen hätte, spürte ich zwischen mir und jenen sieben weißen Männern mit den harten Gesichtern und den fünf weißen Frauen mit den kalten Augen, die mein Geschworenengericht aus meinen *peers*, aus „meinesgleichen", bildeten.

Ich wußte, daß ihre Gleichheit - und unter ihnen gab es tatsächlich so etwas wie Gleichheit - mich (zumindest in ihren Augen) völlig ausschloß...

„Gleiche" ja, allerdings nur untereinander...

Ich bin mir sicher, daß ich in den Augen meiner Geschworenen nicht ein menschliches Wesen *wie sie selbst* war. Nein, ich war gefährlich, weil dunkler. Ich gehörte nicht dazu...«

Zur Entscheidung im Fall McClesky merkte Tibbs an:

»Offenbar geht dieser US-Bundesrichter, der das Mehrheitsvotum unterzeichnet hat, nicht davon aus, daß es sich bei den Vereinigten Staaten um zwei getrennte, recht ungleiche Gesellschaften handelt, nämlich eine schwarze und eine weiße...

Es wird nicht ohne Ansehen von Rasse, Geschlecht, wirtschaftlicher Situation oder vorherigem Leben in Leibeigenschaft gerichtet...

Dieser Richter sprach so, als habe es nie einen amerikanischen Bürgerkrieg und nie Schwarze gegeben, die kaltblütig als „Wirtschaftsgüter" versklavt wurden. Er sprach, als existiere die Geschichte des Lynchens nicht, als habe es weder eine Dred-Scott-Entscheidung gegeben, noch einen Medgar Evers[34], ein Little Rock[35] oder ein „Bombingham“[36]. Memphis[37] hatte in seinem Amerika nicht stattgefunden.[38]«

Was in diesem Amerika tatsächlich stattfindet, ist eine Entwertung von schwarzem und Höherbewertung von weißem Leben. Daß dies üblich ist, macht es noch längst nicht verfassungskonform, so Richter Brennan in seinem überzeugenden Minderheitsvotum.

Um Gerechtigkeit zu bewirken, muß man Brennans Worten zufolge konsequent gegen „eine Angst vor zuviel Gerechtigkeit“ ankämpfen. Davon ausgehend, daß diese Angst tief verwurzelt ist, formulierte er seine Argumente nicht nur als Gegenrede gegen die Standpunkte, denen er ganz entschieden widerspricht, sondern auch als Warnung für die Zukunft, für einen Tag, der noch kommen wird:

»Es ist eine große Versuchung, so zu tun, als ob das Schicksal von den wenigen, die in den Todeszellen sitzen, in keiner Weise etwas mit uns selbst zu tun hätte, als ob niemand außerhalb der Exekutionskammern bemerken würde, wie wir sie behandeln. Sich einer solchen Illusion hinzugeben wäre falsch, denn Ungerechtigkeit schlägt Wellen, die sich nicht so leicht eindämmen lassen...

> Der heutige Gerichtsentscheid ändert nichts an dem, was Anwälte in Georgia anderen Warren McCleskeys über ihre Aussichten auf Aufhebung der Hinrichtungsentscheidung mitteilen werden. Nichts wird die unangenehme Botschaft mildern, die sie ihren Klienten übermitteln müssen, nichts wird etwas daran ändern, daß die Rassenzugehörigkeit wesentliches Diskussionsthema bleiben wird. Auch wenn McCleskeys Beweisführung vom Gericht nicht akzeptiert wurde, all dem, was hier über die Todesstrafe gesagt wurde, tut das keinen Abbruch. Die Einwände, die gegen die heutige Entscheidung noch vorgebracht werden, werden auch in Zukunft die überzeugendsten Argumente gegen die Todesstrafe liefern.[39] «

Es klingt vielleicht ironisch, daß diese „überzeugenden Argumente" zur Ablehnung der Todesstrafe häufig von „Gerichtsbeobachtern in eigener Sache" kommen. Tatsächlich schliessen Gefangene im Todestrakt untereinander oft Wetten über den Ausgang von Gerichtsentscheidungen ab und fachsimpeln über die möglichen juristischen Argumente dafür oder dagegen. Doch das Wettrisiko ist hoch, und objektive Prognosen sind nur selten möglich.

Ich habe nie eine Wette verloren - nicht einmal dann, wenn ich gegen die *jailhouse lawyers* hielt, die die Paragraphen und Gesetze auf ihrer Seite wußten - denn ich betrachtete jede gerichtliche Entscheidung durch das Prisma der Politik.

Diese Wettsiege tun nicht gerade gut, denn jede gewonnene Wette steht für ein verlorenes Verfahren, und jedes verlorene Verfahren für einen weiteren Schritt in Richtung Tod. Meine Prognosen, die sich eher nach den politischen Trends als nach den Buchstaben des Gesetzes richten, haben mir bei den *jailhouse lawyers* viele Antipathien eingebracht, die trotz der wachsenden Zahl verlorener Wetten weiter an Gesetzesprinzipien und Präzedenzfälle glauben wollen.

Todesmarsch und ungelernte Lektionen

In den Todeszellen der Nation findet neuerdings ein Beschleunigungsprozeß statt; das Marschtempo in Richtung Tod wird schneller. Das politische Klima bringt etwas ins Rollen, und die mit Todesdelikten befaßten Richter sehen sich zur Zeit zunehmend unter Druck, das finale Urteil auszusprechen.

Mit dem Ansteigen der Mordziffern in den Städten Amerikas steigt auch die Flut der Angst. Politiker wie Richter schwimmen nach wie vor auf dieser Welle mit, die sich auf die Tore der Exekutionskammern zuwälzt. Dabei spielt es anscheinend keine Rolle, daß von den zehn US-Bundesstaaten mit den höchsten Mordquoten acht an der Spitze der Staaten stehen, in denen die meisten „Abschreckungs"-Exekutionen durchgeführt werden. Es spielt auch keine Rolle, daß von den zehn Staaten mit den niedrigsten Mordquoten in nur einem (Utah) nach 1976[40] eine Exekution ausgeführt wurde. Es spielt keine Rolle, daß die Wirksamkeit der Todesstrafe kaum diskutiert wird, und es spielt ebensowenig eine Rolle, daß mittlerweile niemand mehr ernsthaft behauptet, die Todesstrafe gebe den Bürgern mehr Sicherheit.

Das *Habeas-Corpus*-Prinzip[41], Grundstein der englischen Rechtsprechung seit der Regierungszeit von König Charles II. und Verfassungsgrundlage der Vereinigten Staaten seit ihren Anfängen, wird nun vom höchsten Richter des Obersten Bundesgerichts unterlaufen - was vor wenigen Jahren noch unvorstellbar war. Viele Verurteilte, deren Strafakten vor Verfassungsirrtümern strotzen, werden schon bald ohne erschöpfende Prüfung ihres Falls hingerichtet werden.

Bundesstaaten, die eine Generation lang nicht gemordet haben, machen jetzt ihre Maschinerie startklar: Generatoren heulen auf, Gifte werden gemischt, Gase abgemessen und vorbereitet, und stille Kammern warten auf den Befehl, ein Leben auszulöschen. Die nördlichen US-Bundesstaaten folgen in zunehmendem Maße der hetzenden Meute, ängstlich darauf bedacht, den Anschluß an ihr Erbe aus den Zeiten vor dem Furman-Urteil[42] nicht zu verpassen.[43]

Abschreckung? Nach den Theorien der Befürworter der Todesstrafe hätte die Hinrichtung von Willie Darden in Florida im März 1988, über die sowohl in den USA als auch international ausführlich berichtet wurde, eigentlich einen enormen Abschreckungseffekt haben müssen. Doch nicht einmal elf Stunden nachdem 2.000 Volt durch Dardens in Ketten gelegten Körper gefahren waren, ermordete ein Mann in einem Anfall von Eifersucht in der Neugeborenenabteilung eines Krankenhauses einen anderen. Der Mörder war Gefängnisbeamter aus Florida, einer, der eigentlich in der Lage hätte sein sollen, die Botschaft des staatlichen Hinrichtungsrituals aufzunehmen und zu verstehen.[44]

Mir scheint, er hatte seine Lektion gründlich gelernt.

Yale Law Journal, Januar 1991

Auf dem Weg in die Hölle

Der Mann war mit dem Arm ans Gitter gekettet.

Sein ausweichender Blick sagte viel über ihn aus, erzählte eine Geschichte von tiefster Entfremdung, die ihm mit jeder Falte, die sich eingegraben hatte, ins Gesicht geschrieben stand. Sein weißer, streifenloser Overall verriet, daß er zu der sogenannten psychiatrischen Beobachtungsabteilung des Gefängnisses gehörte. Er vermied es oder war unfähig, Blickkontakt zu den ihn umgebenden Männern aufzunehmen. Er hatte sich ganz und gar in sich selbst zurückgezogen. Sein Zittern, das wiederholte Verkrampfen von Händen und Beinen und ähnliche abrupte Bewegungen verrieten noch mehr über ihn - er stand offenbar seit langem oder hochdosiert unter starken psychotropen Substanzen wie Thorazin, Stelazin oder Haldol. Nebenwirkung: tardive Dyskinesie - unkontrollierbare Anfälle von Zittern und Muskelzuckungen. Auslöser: stark wirksame Psychopharmaka. Bei Gefangenen wird deren Verschreibung äußerst liberal gehandhabt, vor allem seit einer Entscheidung des Obersten Bundesgerichts der USA aus jüngerer Zeit, die es den Vollzugsbeamten erlaubt, Häftlinge mit Hilfe von Medikamenten ruhigzustellen.

Der ältere Gefangene, mit dem zusammen ich an dem Mann vorbeiging, deutete mit dem Kopf auf ihn.

„Sieh dir den Typ mal an!"

„Hab' ich gesehn, Mann."

„Sieht ganz schön fertig aus!"

„Stimmt, aber auf Hilfe kann der hier lange warten."

Damit war der kurze Wortwechsel beendet, und es gab keinen Grund, das Thema noch einmal aufzugreifen.

Beim Mittagessen einen Tag später zog plötzlich und unverkennbar der durchdringende Geruch von verbrannten Haaren durch den Block.

„Mensch, da brennen irgendwo Haare. Riecht ihr das nicht?"

„Ich rieche was, aber das ist doch kein Haar - das ist 'ne Decke."

„Decke, verdammt, das sind Haare, Mann, Menschenhaare! ... Feuer!" brüllte Big Boy los, bis andere Häftlinge seinen Schrei aufnahmen. „Feuer! Feuer!"

Fünf panische Minuten lang hallte der Ruf wider, Schließer rannten, begleitet vom immerwährenden Schlüsselrasseln, von Zelle zu Zelle, von Station zu Station, bis sie die brennende, qualmende Zelle lokalisiert hatten und die Flammen unter weißem Löschschaum erstickten.

Kurz darauf ging ein nackter Mann die Galerie entlang. Von vorn war er braun, dunkel wie getoastetes Weizenbrot, und um ihn herum verbreitete sich ein bestialischer Gestank. Er ging gemächlich, bedächtig, als ob er ganz in Gedanken versunken einen langen, ziellosen Strandspaziergang mache. Zwölf Stunden später wurde sein Tod bekanntgegeben. Über 70 Prozent der Körperoberfläche waren verbrannt.

Identifiziert wurde er als Robert Barnes, 57 Jahre alt, aus Delaware County, Pennsylvania. Der Mann war erst kürzlich aus dem Graterford Prison nach Huntingdon verlegt worden und hatte angeblich noch vor kurzem den Verantwortlichen gedroht, er werde sich umbringen, wenn er „ins Loch“ (Disziplinarvollzug) käme und in Einzelhaft gesteckt würde.

Er kam ins „Loch“.

Er brachte sich um.

Trotz umfangreicher psychiatrischer Krankengeschichte und einer erst kurz zurückliegenden Selbstmorddrohung steckte man ihn für 24 Stunden am Tag allein in eine B-Zelle[45]. Als man ihn fand, war sein Overall schon vollständig verbrannt.

Wie für viele andere Langzeitgefangene mit gravierenden psychiatrischen oder psychischen Problemen wurde für ihn das „Loch“ in Huntingdon zur Zwischenstation auf dem Weg in die Hölle.

Dezember 1990

Der Besuch

Inmitten der Dunkelheit war dieses winzige Wesen wie ein Lichtstrahl. Klein war sie und hatte ein piepsiges Minnie-Maus-Stimmchen, und nun hatte sie, meine mir seelenverwandte Tochter, die lange Reise nach Westen geschafft, die Reise ins Innerste dieser von Menschen geschaffenen Hölle irgendwo mitten in der Wildnis von Südpennsylvania. Wie meine anderen Kinder war sie noch ganz klein gewesen, als ich in diese Hölle verstoßen wurde; und weil sie anfangs noch zu jung und zu sensibel war, durfte sie bis zu jenem Tag nie zu den Familienbesuchen mitkommen.

Sie platzte mit glücklich glänzenden braunen Augen in den winzigen Besuchsraum herein, blieb plötzlich stehen, war verwirrt, starrte auf die gläserne Barriere zwischen uns und brach angesichts dieses arroganten staatlichen Trennungsversuchs in Tränen aus. In Bruchteilen von Sekunden schlugen plötzlich Traurigkeit und Schock in rasende Wut um. Ihre kleinen Hände ballten sich zu festgeschlossenen Fäusten und trommelten und hämmerten auf die Plexiglasbarriere ein, die zwar kräftig bebte und vibrierte, aber nicht zerbrach.

„Kaputtmachen! Kaputtmachen!“ schrie sie. Ihre Mutter, die gerade versuchte, über den ersten Schrecken hinwegzukommen, schloß Hamida fest in die Arme, und beide wurden von heftigem Schluchzen geschüttelt. Meine Augen füllten sich mit Tränen. Meine Nase war zu.

Ihre ungesagten Worte hallten in meinem Kopf wider: „Warum kann ich ihn nicht umarmen? Warum können wir uns nicht küssen? Warum kann ich nicht auf seinem Schoß sitzen? *Warum können wir uns nicht berühren? Warum nicht?*“ Ich wandte mich ab, um die Fassung wiederzugewinnen.

Mit aufgesetzt alberner Miene drehte ich mich schließlich wieder um, rief sie zu mir und plapperte einfach drauflos. „Mein Mädchen, wie willst du denn mit so einer Rotznase überhaupt Luft kriegen?“ Ihr tränenüberströmtes Gesicht hellte sich auf wie ein Sonnenaufgang. Kurze Zeit später, als wir miteinander herumalberten, huschte ein schüchternes Lächeln zu mir herüber.

Ich erinnerte sie daran, wie oft sie unsere Katze in den Arm genommen und mit ihr geschmust hatte, bis das arme Tier vor lauter Liebe fast keine Luft mehr bekam. Hamidas Leugnen ging schließlich in ein Lachen über. Zu dritt machten wir Späße, die hier und da in Ernst übergingen, und im Handumdrehen war die Besuchszeit zu Ende.

Jetzt, da sie wieder lächeln konnte, trug sie mir ein Abschiedsgedicht vor, das wir uns oft am Telefon sagten: „I love you, I miss you, and when I see you, I'm gonna kiss you!“ - „Ich liebe dich, ich vermisse dich, und wenn ich dich wiederseh', dann küss' ich dich!" Wir lachten alle, dann gingen die beiden.

Seit diesem Besuch sind fünf Jahre vergangen, doch die Erinnerung daran ist noch so frisch, als sei es erst gestern gewesen. Die Schläge ihrer winzigen Fäuste gegen die häßliche Barriere, ihre instinktive Wut auf diese vom Staat unter dem Vorwand der „Sicherheit" errichtete Blockade zwischen uns, ihre heißen Tränen.

Die Erinnerung daran läßt mich nicht mehr los.

November 1994

„Erledigt" auf Staatsrezept

Harry Washington[46] leidet Höllenqualen, bis er es nicht mehr aushält und laut herausbrüllt: „Ihr *Nigger!!* Wenn ihr nochmal den Namen meiner Familie in eure dreckigen *Mäuler* nehmt! Ihr seid *durchgeknallt!* Ihr seid *Dreck! Rassistenpack!* Meine ganze Familie glaubt an Gott! Haltet bloß die Klappe, ich will dieses teuflische Gerede nicht mehr hören! Und wehe ihr sprecht noch einmal den Namen meiner Familie aus!!"

Ich habe längst aufgehört, reflexartig zu Harrys Zelle hinunterzusehen. Da unten im Erdgeschoß in seiner Nähe ist nie jemand. Ich weiß genau, daß Harrys hilflose Wut sich gegen Stimmen richtet, die nur er hört, die in seinem Kopf immer wieder quälend auf ihn einreden. Harry und ich sitzen in Todeszellen und mit uns eine stetig steigende Zahl von Menschen aus Pennsylvania. Die Isolation, die einen verrückt macht, die extrem rassistische Umgebung und die Ironie des Schicksals, das ihn hierher brachte, ließen ihn immer tiefer in Depressionen und schließlich in den Wahnsinn abgleiten.

Wir sind beide den tödlichen Auswirkungen der Isolation ausgesetzt und befinden uns in einer Umgebung, die von den reaktionären Spießern der weißen Kleinstadt geprägt ist. Harry ist, wie schon so viele vor ihm, abgerutscht. Viele seiner (sowohl realen als auch imaginären) Peiniger haben ihn als „Irren" beschimpft, als einen, der „abgedreht" ist. Vielleicht haben ihm die Schicksalsschläge, die das Leben für ihn bereithielt, den letzten Verstand geraubt - wer weiß? Ein junger Schwarzer, einst selbst Gefängnisbeamter, jetzt Gefangener in einer Todeszelle. Früher trug er die Schlüssel, jetzt hört er sie rasseln, während er verrückt vor Angst auf den Tod wartet. Die Haftbedingungen in den meisten amerikanischen Todestrakten produzieren massenhaft Harry Washingtons.

Man nehme etwas Einzelhaft, Einschluß rund um die Uhr, Streichung von Kontaktbesuchen, Verbot von Gefängnisarbeit, Verweigerung von anregenden Bildungsangeboten, dazu Psychiatrieabteilungen, in denen die „Behandlung" nur den einzigen Zweck verfolgt, die Patienten bis zur Bewußtlosigkeit mit Psychopharmaka vollzustopfen, rühre einige üble, offen rassistische Schließer und Gefängnisbeamte unter und gebe schließlich ein ordentliches Pfund sich auflösender Familienbindungen hinzu - schon hat man alle Zutaten für ein stressiges Psycho-Schmorgericht, bestens geeignet, die Menschenwürde zu untergraben und zu zerfressen. Ein Rezept, das sich der Staat in vollem Wissen um dessen Wirkung ausgedacht hat.

Es ist nun beinahe ein Jahrhundert her, da wurde ein Mann namens James Medley aus Colorado zum Tode verurteilt, weil er seine Frau getötet hatte. Er wurde ins Staatsgefängnis von Colorado gebracht und dort in Einzelhaft gesteckt. Medley strengte alsbald eine Klage vor dem Obersten US-Bundesgericht an, das sich um 1890 aus sechs Republikanern und drei Demokraten zusammensetzte, und berief sich auf das *Habeas Corpus*-Prinzip. In dem unter *In Re Medley* 134 US 160 (1890) aktenkundigen Verfahren bediente sich das Gericht der alten englischen Rechtsprechung aus der Zeit George II, frühes 18. Jahrhundert, und entschied, daß Einzelhaft „eine zusätzliche Bestrafung schwerwiegenden, peinvollen Charakters" und im Fall Medley verfassungswidrig sei.

Begeben wir uns im schnellen Vorlauf fast ein Jahrhundert weiter und schauen uns eine zu zweifelhafter Berühmtheit gelangte Entscheidung eines Bundesgerichts im Jahr 1986 an: In der Sache *Peterkin gegen Jeffes*[47] wollten Gefangene in pennsylvanischen Todestrakten erreichen, daß die Isolationshaft für verfassungswidrig erklärt würde, und man hört den Richter - er heißt Rehnquist und ist inzwischen zum Obersten Bundesrichter aufgestiegen - mit den unvergeßlichen Worten die Abweisung der Klage formulieren: „Es hat ihnen nie jemand einen Rosengarten versprochen"[48] - Isolationshaft ist also völlig in Ordnung.

Die Idee, menschlicher Fortschritt wäre an einem „sich beständig weiterentwickelnden moralischen Niveau"[49] abzulesen, von weniger Zivilisiertheit zu mehr, von vielen Restriktionen zu weniger, von der Tyrannei zu immer mehr Freiheit, zerschellt unversehens an den Klippen des heutigen Rehnquistschen Bundesgerichts. Nur gegen dieses Gericht kann sich das von der republikanischen Richtermehrheit Southern-Harlan-Fuller kontrollierte Oberste Bundesgericht von 1890 so progressiv abheben.

Harrys Wutgeheul und sinnloses Jammern nimmt kein Ende und findet keinen Adressaten.

Juni 1989

Der Todestrakt – zunehmend reserviert für Schwarze

»Es ist Zeit, daß das Gericht der Tatsache ins Auge sieht, daß die Weißen im Süden die Farbigen nicht mögen.«
William H. Rehnquist, Justizbeamter, 1953[50]

Ein hellhäutiger Indianer vom Stamm der Lenape schleicht auf ein Schwätzchen zu einem Mitgefangenen im nächstgelegenen Stahlkäfig hinüber.

„Ey, Scheiße, Mann", flucht der Indianer in seinem nasalen Akzent Nordostpennsylvanias, „ich bin verdammt nochmal schon zu lang' hier drin."

„Wieso'n das, Runnin' Bear, was'n los, Mann?"

„Na, weil...", erklärt der junge Native American, „ich mich schon selber dabei erwisch', wie ich genauso quatsche wie ihr hier."

Die zwei witzeln weiter. Galgenhumor.

Running Bear lebt zum ersten Mal in seinem Leben in einer überwiegend schwarzen *Community*[51], wenn auch in einer künstlichen, entstellten, denn ihr fehlt das Lachen der Frauen und das Geschrei der Babys.

Hier „leben“ nur Männer. Vor allem junge schwarze Männer.

Willkommen im Todestrakt von Huntingdon, einem von dreien in Pennsylvania. Die Bewohner der Todeszellen sind schwarz wie Melasse, das Personal ist wie Weißbrot.

Die Alteingesessenen im Trakt, die schon seit 1984 hier sind, erinnern sich noch an einen kleinen, doch offensichtlich bedeutsamen Zwischenfall, der sich damals ereignete. Die Verantwortlichen für Instandhaltung und Baumaßnahmen wurden durch eine Gerichtsverordnung des Bundesstaates und einen Erlaß verpflichtet, den Gefangenen anstelle des zweitäglichen Viertelstündchens nun ein Minimum von zwei Stunden Bewegung im Freien am Tag zu ermöglichen. Sie errichteten also eine Reihe von maschendrahtumzäunten Pferchen, die größeren Hundezwingern oder Haustierkäfigen verblüffend ähnelten. Das Personal versicherte den Gefangenen, daß die Käfige nur für Disziplinarfälle gedacht seien. Als die Bauarbeiten abgeschlossen waren, kam dieses Versprechen auf den Prüfstand. Am ersten Tag nach Fertigstellung der Käfige führte man die zum Tode verurteilten Gefangenen, von denen keiner irgendwelche Disziplinarverstöße begangen hatte, zum täglichen Hofgang nach draußen. Erst als die Käfige voll waren, sahen sich die Gefangenen um, und da dämmerte es ihnen allmählich, daß sie ausnahmslos Afrikaner waren.

Wo steckten die weißen Mitgefangenen aus dem Todestrakt?

Es dauerte nicht lange, bis sich das bestätigte, was ohnehin schon klar war. Von dem Gebäudeflügel aus, der die Todeszellen beherbergte, hatte man Zugang zu zwei Höfen: der eine mit Käfigen, der andere mit „freien“ Flächen, Trinkwasserbecken, Basketballfeldern in voller Turniergröße und einer Aschenbahn zum Joggen. Die Käfige waren für die schwarzen Todestraktgefangenen, die offenen Höfe für die weißen. Die Schwarzen waren also wegen der rassistischen Gefühllosigkeit und wegen des blanken Hasses der Weißen dazu verdammt, unter unwürdigen Bedingungen auf ihren Tod zu warten. Dieses im Mikrokosmos angesiedelte Ereignis zeigt beispielhaft die vom Rassismus vergiftete Mentalität des kriminellen Un-Rechtssystem in den USA.

Was 1953 nur die Äußerung eines jungen Justizbeauftragten war, ist heute die vorherrschende Rechtsauffassung von Amerikas höchster richterlicher Instanz. Der kleine Beamte von gestern ist heute der Oberste Richter, und das Wort *Süden* läßt sich beliebig gegen *Norden*, *Westen*, *Osten* oder sogar gegen *Gericht* austauschen. Menschen, die früher in Erwartung aufgeklärter Neutralität zum Gericht aufsahen, erfahren heute von dort feindselige Voreingenommenheit. An keiner Stelle wird dies deutlicher als da, wo mit Todesstrafe geahndete Verbrechen vor Gericht kommen, denn Dreh- und Angelpunkt bei der Entscheidung über das Verhängen von Todesurteilen in diesem Land ist der Faktor Rassenzugehörigkeit.

Sieht man sich das entscheidende Urteil in der Sache *McCleskey gegen Kemp* (1987) genau an, kommt man um diese Tatsache nicht herum. Damals vollführte das Gericht ein elegantes Rückzugsmanöver, indem es zuerst einen Schritt nach vorn und gleich darauf wieder zwei zurück machte, als es sich mit einer Fülle sehr ernst zu nehmenden Beweismaterials konfrontiert sah. Dieses Material belegt eindeutig, daß erstens Personen, die in Georgia des Mordes an Weißen angeklagt wurden, mit 4,3 mal größerer Wahrscheinlichkeit zum Tode verurteilt werden, als wenn das Opfer schwarz war. Es belegt zweitens, daß die Rasse (des Opfers) entscheidend dafür ist, ob die Todesstrafe ausgesprochen wird oder nicht; drittens, daß fast sechs von zehn Personen, die des Mordes an Weißen für schuldig befunden wurden, nicht zum Tode verurteilt worden wären, wären ihre Opfer Schwarze gewesen; viertens, daß gegen 20 von 34 schwarzen Angeklagten kein Todesurteil ausgesprochen worden wäre, wenn die Opfer Schwarze gewesen wären; und es belegt schließlich fünftens, daß die Prozesse, in denen der Angeklagte schwarz und das Opfer weiß ist, eher mit einem Todesurteil enden als bei allen anderen rassischen Täter-Opfer-Konstellationen. McCleskeys Klage, so Richter Powell als Mann der politischen Mitte beim Obersten Bundesgericht, könne deshalb nicht erfolgreich sein, weil sie „in ihrer logischen Konsequenz die Prinzipien, auf denen unser gesamtes Strafrechtssystem aufbaut, ernsthaft in Frage stellen würde“.[52]

Andersherum formuliert, wies das Gericht den eingelegten Widerspruch nicht etwa deshalb zurück, weil es das vorliegende Datenmaterial, das die obigen fünf Aussagen stützt, oder die daraus gezogenen Schlußfolgerungen für falsch hielt - das Material erkannte es ausdrücklich an. Es wies ihn wegen der Konsequenzen zurück, die er sonst für andere Fälle gehabt hätte. Willkommen beim Großen Marsch zurück in die Vergangenheit.

Der Fall *McCleskey* ist kein Sonderfall. Er hat im Grunde genommen ein System beleg- und dokumentierbarer Ungleichheit offengelegt, in dem die Rasse des Opfers und die des Angeklagten über Leben und Tod entscheiden. Dies, so das Gericht, sei vollkommen verfassungskonform.

Robert A. Burt, Rechtswissenschaftler an der Yale University, hat die Bedeutung der *McCleskey*-Entscheidung vor dem Hintergrund des Falls *Lockhart gegen McCree* von 1986 untersucht, in dem das Gericht in ähnlicher Weise das Argument abwies, daß eine der Strafverfolgung und der Todesstrafe gegenüber positiv eingestellte und zur Aussprache eines Todesurteils qualifizierte Geschworenenjury[53] gegen das grundlegende Verfassungsgebot einer fairen und unparteiischen Jury verstoße. Professor Burt führt dazu an:

Wenn wir diese Erkenntnis [gemeint ist, daß Jurys sich tendenziell stärker aus Weißen und Männern zusammensetzen, weil Frauen und Schwarze im allgemeinen gegen die Todesstrafe sind und somit ausgeschlossen werden] im

Zusammenhang mit den Erkenntnissen aus dem *McCleskey*-Prozeß betrachten, nämlich daß Jurys in Prozessen wegen Kapitalverbrechen die Todesstrafe mit unverhältnismäßig großer Häufigkeit gegen Schwarze verhängen, die Weiße ermordet haben, und selten bei Morden an Schwarzen, ergibt sich ein düsteres Bild des amerikanischen Strafrechtssystems. Dieses Bild zeigt, daß die Anwendung der Gesetze in den wichtigsten und in der Öffentlichkeit sichtbaren Fällen überwiegend Gruppen von weißen Männern anvertraut wird, für die das Leben von Weißen mehr wert ist als das von Schwarzen, und die deshalb besonders unnachsichtig gegen Schwarze vorgehen, die Weiße ermordet haben, Morde an Schwarzen dagegen als weniger gravierend empfinden. Tatsächlich weist die geringe Wertschätzung von Schwarzen in Kombination mit der besonderen Aufregung über Morde, die von Schwarzen an Weißen verübt werden, auf ein Strafvollzugssystem hin, daß sich so verhält, als sei unsere Gesellschaft von der Angst vor dem Ausbruch eines Rassenkrieges besessen und bereit, Präventivschläge dagegen zu unternehmen.[54]

Am 25. Juli 1988 registrierte die Justizverwaltung Pennsylvanias 107 Personen in den Todestrakten, davon allein 50 aus Philadelphia. Von diesen 50 waren 40 afrikanischer Abstammung, sieben Weiße und drei Hispanics. Auch auf den gesamten Staat Pennsylvania bezogen sind die Schwarzen, die nur neun Prozent der Bevölkerung stellen, in den Todestrakten des Bundesstaates eindeutig in der Mehrheit.

Für die Vereinigten Staaten insgesamt ergibt sich ein ähnlich finsteres Bild. Der Prozentsatz der Afrikaner - in der Gesamtbevölkerung macht er gerade etwas über zwölf Prozent aus - schnellt in den Todestrakten der Nation auf 40 Prozent hoch. Die Todesstrafe betrifft in Amerika fast immer Menschen mit einem schwarzen, braunen oder roten Gesicht.

Von morgens bis abends hallt das Echo schwarzer Stimmen in der Todeszone wider. Sie tauschen die alltäglichen Dramen miteinander aus, die hier die Zeit einteilen - das Neueste über einen Verteidiger, das Neueste von der Freundin, Fragmente von Gedanken, die an eisernen Gitterstäben und steinernen Mauern abprallen, unerbittlich, in Erwartung des Todes.

In der Urteilsbegründung in der Sache *McCleskey* von heute spiegelt sich der Geist der *Dred-Scott*-Entscheidung von einst wider, denn noch einmal werden die mangelnden Rechte von Afrikanern im „Land der Freien" festgeschrieben, die man „zuvor mehr als ein Jahrhundert lang als Wesen niedrigerer Ordnung angesehen hatte, als mit der weißen Rasse weder in sozialen noch in politischen Belangen in Beziehung zu setzen, und als ihr so weit unterlegen, daß ihnen keinerlei Rechte zustanden, die ein weißer Mann respektieren müßte".[55]

Der damalige Bundesrichter Taney ist im Rehnquistschen Bundesgericht moderner Zeiten wiederauferstanden. Taneys Gericht hatte im Fall *Dred Scott* die Macht der Sklavenhalter nicht angetastet, indem er den Afrikanern die

Rechte der Verfassung verweigerte, selbst denen, die in den Vereinigten Staaten geboren waren. Rehnquists Gericht tastet im Fall *McCleskey* die Macht des Staates nicht an, schwarzes Leben noch weiter zu entwerten.

Einhundertunddreißig Jahre nach *Dred Scott* und noch immer nicht gleich - nicht im Leben und nicht im Tod.

April 1990

Aus den Schatten der Kerker ein Schritt ins Licht

„Pssst! Pssst! Du, Mu! Mu, bist du wach?" höre ich den Kalfaktor flüstern, einen Italo-Cherokee. Sein Akzent verrät, daß er aus South Philly[56] kommt. Von meiner Matratze aufgeschreckt, wanke ich zur Zellentür, spähe raus zu Mike und starre in sein strahlendes Gesicht.

„Was is' los, Mann?" brumme ich, mißgelaunt über die Unterbrechung meines Schlafs.

„Bist du bereit?" fragt Mike und strahlt.

„Was is'n nu' los?" will ich wissen, ein bißchen genervt von seiner Anspielung.

„Jay Smith! Er geht nach Hause!" verkündet Mike, und sofort hebt die echte Freude über das Glück eines anderen meine Laune.

„Ohne Scheiß, Mike?" frage ich zurück.

„Ohne Scheiß, Mu - der packt jetzt gerade seine Klamotten. Er sagt, er hat 'nen Bescheid vom Obersten Gericht gekriegt, der sein Urteil übern Haufen schmeißt! Wahnsinn, was?"

„Ja, Mike. Das ist Wahnsinn! Lang lebe *John Africa!* Das sind wirklich gute Nachrichten!“

Der angelsächsische Allerweltsname Jay Smith gehört zu einem alten, ruhigen, grauhaarigen und zuverlässigen Weißen, der bis vor kurzem zu den 149 Insassen der Todeszellen in Pennsylvania zählte. Er wurde für drei Morde verurteilt, die im ganzen Land Aufsehen erregten und Stoff für mehrere Bücher und einen Fernsehfilm lieferten.[57] Staatsanwaltschaft, Polizei und Presse stellten ihn als Monster, als perversen Sadisten, als dreifachen Mörder dar, einen ziemlich miesen Kerl, Lichtjahre entfernt von dem Rektor der Lower Merion School in Philadelphia und dem Armeereservisten, als den ihn seine Nachbarn und Schüler kannten.

Nachdem ich einen Artikel gelesen hatte, in dem er als kaltblütiger, bösartiger Mensch mit kalten Ziegenaugen beschrieben wurde, hatte ich, als ich ihn traf, fast erwartet, er würde auf gespaltenen Hufen herumhüpfen. Doch beim näheren Betrachten schien es dann eher so, als wären die eigentlichen Tiere (nämlich Aasgeier) diejenigen gewesen, die ihn in den Todestrakt gebracht hatten. Der Oberste Gerichtshof hob seine Verurteilung wegen Amtspflichtverletzungen der Staatsanwaltschaft auf, und sein Anwalt entdeckte eine polizeiliche Falschaussage nach der anderen, dazu mehrfache Beweisunterschlagungen und den regen heimlichen Handel mit Hintergrundinformationen zum Fall zwischen Ermittlungsbeamten und einem Hollywood-Autoren. Der Staatsanwalt, der durch das Verfahren rasch die Karriereleiter hinaufgestiegen war, fiel sie ebenso rasch wieder herunter, als er in Zusammenhang mit Kokain verhaftet und verurteilt wurde.

Am Freitag, dem 18. September 1992, wurde Smith gegen Mittag davon in Kenntnis gesetzt, daß sein Fall abgeschlossen und die Strafverfolgung eingestellt sei; der Angeklagte könne jetzt nach Hause gehen. Nachdem er seit 1979 über Jahre hinweg in den schlimmsten Löchern und Todestrakten von Pennsylvania eingekerkert gewesen war, packte Jay Smith seine spärliche Habe zusammen, sagte ein paar Leuten Lebewohl, schüttelte den Staub von zwölf Jahren von sich ab, kehrte der Anstalt den Rücken und trat wieder ins Leben. All die Bücher, die millionenteuren Sensationsfilme und die verleumderischen Zeitungsartikel verblaßten vor der Realität dieses Mannes, der aus der Kloake des Gefängnisses in die Freiheit hinausschritt.

Auf die Frage eines Reporters, was er nun vorhabe, antwortete er: „Keine Ahnung. Ich habe solange hierfür gekämpft, daß ich keine Pläne für irgendwas gemacht habe, was darüber hinausgeht. Ich bin jetzt 64 - vielleicht kann ich ja in einem Jahr Rente kriegen." Doch was für eine Fürsorge kann man von einem System erwarten, das intrigierte, log, Beweismittel unterschlug, um die Existenz eines Mannes zu zerstören, und das ihm zwölf Jahre seines Lebens, seiner Arbeit, seiner Familie raubte?

September 1992

Ein nächtliches Rollkommando stößt auf Widerstand

»Ein einziger Funke kann einen Steppenbrand entfachen.«
Mao Tse-tung

Gefängnisse sind Sammelbecken der Wut, Inseln von gesellschaftlich akzeptierten Haßgefühlen. Wie subatomare Partikel prallen hier Welten aufeinander, die nach psychischer Erlösung suchen. Es braucht nicht mehr als den sprichwörtlichen Funken des Vorsitzenden Mao, um die aufgestaute Wut zum Ausbruch zu bringen.

An eben diesen Funken mußte ich vor kurzem morgens denken, als mich die Geräusche eines Ausbruchs von Gewalt in Block B jäh aus den Träumen riß, in die ich mich geflüchtet hatte.

Ich hörte die Stimme eines Weißen mit ländlichem Dialekt die rhetorische Frage stellen: „Ach, macht dir wohl Spaß, jemandem weh zu tun, was?" Schläge, Stöhnen, dumpfes Aufschlagen eines Körpers und Knirschen hallten die Stahltreppen empor und weckten schlagartig die Aufmerksamkeit der schlaftrunkenen Gefangenen.

„Laß verdammt nochmal diesen Mann los!"

„Laß ihn in Ruhe, fettes Rassistenschwein!"

Angsterfüllte Wutschreie und die Geräusche von Stockschlägen auf Fleisch und Knochen machten dem ruhigen Morgen im B-Block ein Ende. Wie zu erwarten, hörten die Provokationen und Schläge nicht eher auf, als der Mann in einem Duschraum eingesperrt war, und er den anderen Eingeschlossenen etwas zurufen und ihnen mitteilen konnte, was passiert war.

„Wer bist du, Mann?"

„Wie heißt du?"

„Tim..."

„Tim Forrest", die Antwort klang aufgeregt, aber beherrscht.

„Was war los, Timmy!?"

„Die haben mich plattgemacht, Mann, weil ich mich mit dem Typ angelegt hab, diesem Weaverling!"

Timmy?

Die Stimme kam mir bekannt vor, denn er hatte vor kurzem ein paar Monate in Block B gearbeitet, als Kalfaktor Essenstabletts geschleppt und andere Arbeiten erledigt, Reparaturjobs im Todestrakt und bei den Disziplinarzellen. Ich mochte den Kerl - um die 30, schmaler Körperbau, offen und aufgeschlossen -, auch wenn uns politisch Welten trennten.

„Du kommst gegen diese Leute nicht an, Mu", meinte Tim und fügte hinzu: „Du kannst das System nicht besiegen!" Ich rümpfte die Nase und brachte meine Mißbilligung zum

Ausdruck, aber meine Argumente kamen bei ihm nicht an. Also rappten wir im Duett, eine gemeinsame Leidenschaft von uns beiden; ich mochte seinen melodischen Tenor.

Aber Timmy und sich mit einem Schließer anlegen? Mit einem ganzen Haufen von Schließern?

Am Freitag liefen Gerüchte über Timmys Behandlung in Block B um, und bei der mittäglichen Jumu'ah-Andacht[58] versammelten sich über 50 Leute in der Gefängniszentrale und verlangten, daß die brutalen Mißhandlungen und das Prügeln von Gefangenen in Handschellen ein Ende haben müsse. Darauf waren die diensthabenden Sicherheitsbeamten nicht vorbereitet gewesen. Sie versicherten den aufgebrachten Schwarzen, daß es in Zukunft keine Schläge mehr geben würde, und forderten die Menge auf, sich aufzulösen. Bei Einbruch der Dunkelheit lag eine unheimliche Ruhe über dem Gefängnis in Mittelpennsylvania. Der Samstag kam, und es wurde „Einschluß" verhängt - kein Hofgang, keine Arbeit, kein Sport, kein Essen - die schärfsten Restriktionen.

Über Nacht wurde Pennsylvanias repressivster Knast zu einem einzigen großen „Loch".

Das Wochenende verstrich, der Einschluß dauerte an. Als am Montag das Klagen einer Sirene ertönte, waren alle irritiert, unsicher, und schließlich applaudierten einige, weil sie einen Ausbruch vermuteten, der normalerweise den Sirenenalarm im gesamten Stadtgebiet auslöst.

Das Heulen der Sirene verstummte, schwoll wieder an und ab und begann von Neuem. Die Verwirrung holte den Jubel ein, und der Applaus verlor sich in betretener

Stille. Als die Abenddämmerung anbrach, war im ganzen Knast das Quäken von Walkie-Talkies und das helle Klirren von Schlüsseln zu hören. Alle drei Schichten waren im Einsatz. Bewaffnete, mit Helm und Schild ausgerüstete Kommandos durchkämmten eine Zelle nach der anderen, zerrten, schlugen, prügelten mit Stöcken, traten und mißhandelten die nackten Gefangenen brutal. Die Männer wurden in Handschellen gelegt, gegriffen, aus der Zelle gezerrt und in Käfige geworfen - nackt, geschlagen, blutig. Huntingdons Rache für den Gesichtsverlust am Freitag machte der Dixie-Sklavokratie in Sachen rassistischer Gewalt Konkurrenz.

Die Gefangenen, nackt, unbewaffnet, aus dem Schlaf kommend, wehrten sich gegen den entfesselten Mob - mutig, aber vielleicht nicht sehr klug. Am Dienstagmorgen bezifferten inoffizielle Berichte die Verletzten auf 27 Schließer sowie 19 Gefangene und meldeten einen völlig verwüsteten Block A. Der Einschluß dauerte an. Am Mittwoch wurden die Käfige mit Wasserschläuchen ausgespritzt, die Blutspuren in die Gullys gespült und schließlich vom Wasser des Juniata River fortgeschwemmt.

Während diese Zeilen entstehen, dauert der Einschluß immer noch an - kein Duschen, keine Arbeit, kein Hofgang, kein Sport. Das Gefängnis von Huntingdon wird zum „Loch" von Huntingdon. Auf die Frage, wie das alles passiert sei, antwortete einer der Teilnehmer des blutig niedergeknüppelten Aufstands: „Es ist genauso, wie Mao sagt, Mann - 'Ein einziger Funke kann einen Steppenbrand entfachen'!"

Oktober 1989

Als wär' das Leben ein Baseballspiel

Wenn ich die Rufe der Politiker nach „hartem Durchgreifen gegen das Verbrechen" und ihre demagogischen Statements nach dem Motto „Three strikes, you're out"[59] höre, dann sehe ich verschiedene Bilder vor mir. Ich muß daran denken, wie schnell sich diese Töne ändern, wenn gegen einen in Ungnade gefallenen Politiker hart durchgegriffen wird.

Ich muß an einen einflußreichen Berufungsrichter denken, der sich immer darüber lustig gemacht hatte, wenn die Verteidigung zum Argument der wegen Geisteskrankheit verminderten Schuldfähigkeit griff. Als er sich aber selbst in ein verwickeltes, abstruses Netz krimineller Aktivitäten verstrickt hatte, gab er diesen stur vertretenen Standpunkt ganz schnell auf. Das zeigt schlaglichtartig, daß Macht und Sozialstatus vergänglich sind und wir alle Menschen, nichts als Menschen sind.

Ich erinnere mich auch an einen Jungen, den ich im Gefängnis kennenlernte. Er gehörte zum ersten Schub derer, die in den siebziger Jahren unter einem neuen, härteren Jugendstrafrecht inhaftiert wurden, nach dem Jugendliche wie Erwachsene abgeurteilt werden durften. Ich will ihn hier einmal Rabbani nennen. Er war zu der Zeit, als er im Süden von Pennsylvania wegen bewaffneten Raubes verhaftet wurde, ein großer, stämmig gebauter Fünfzehnjähriger. Der Staatsanwalt beantragte, ihn juristisch als Erwachsenen zu behandeln, und das Gericht stimmte dem zu. Als Erwachsener vor Gericht gestellt, wurde Rabbani in allen Punkten schuldig gesprochen und für den angeblichen Raubüberfall mit einer CO_2-Luftpistole zu 15 bis 30 Jahren Gefängnishaft verurteilt.[60]

Während der ersten sechs oder sieben Jahre in dieser von Menschen geschaffenen Hölle geriet er permanent in Konflikt mit Schließern und verbrachte mehr Zeit im „Bunker" als im normalen Vollzug. In Handschellen wuchs er zum Mann heran, und immer, wenn ich ihn wiedersah, war er körperlich größer, in Kopf und Herz aber bitterer geworden.

Wenn wir uns Zeit für ein Gespräch nahmen, so beeindruckte er mich durch seine natürliche Intelligenz. Die war allerdings von einer Bitterkeit geprägt, die so beißend war, daß sie sogar Stahl hätte zerfressen können. Fast 15 Jahre lang blieb seine Intelligenz hinter Gitterstäben gefangen. Zwei dieser Jahre verbrachte er fast ganz damit, einen Richter dazu zu bewegen, seinen Fall wiederaufzunehmen - im großen und ganzen ohne Erfolg. Die einzeiligen, in zwei Worte gefaßten Bescheide - „Gesuch abgelehnt" - ließen ihn nur noch zynischer werden.

Die entscheidenden Jahre im Leben eines Mannes zwischen dem fünfzehnten und dem dreißigsten Lebensjahr, die den Übergang von der Jugend zum Erwachsensein markieren, war Rabbani auf Zeit in einer juristisch-psychischen Kiste begraben, die als Aufschrift das falsche Versprechen „Besserung" trug. Wie Zehntausenden aus seiner Generation brachten ihm die Jahre in der Hölle keine Fähigkeiten, die für ihn oder seine Community von Nutzen gewesen wären. Er wurde genauso „gebessert" wie Hunderttausende andere auch - bis zum völligen Abstumpfen wurde er wie eine Ware in einer Lagerhalle aufbewahrt.

Nie hielt er eine Frau als Partnerin oder Geliebte in seinen Armen, nie hielt er ein Neugeborenes in seinen Händen, in dem neues Leben pulsierte. Fast fünfzehn Jahre lang sah er die Sonne nicht aufgehen und den Mond nicht scheinen - wegen eines Raubüberfalls mit einer Luftpistole im Alter von fünfzehn.

Wenn ich solche platten, griffigen und hirnlosen Slogans wie „Three strikes, you're out" höre, dann muß ich an Leute wie Rabbani denken, die nur *einen* Fehlversuch hatten (wenn sie nicht sogar gefoult wurden) und damit faktisch aus jedem Spiel raus sind, bei dem es sich lohnen würde mitzumachen.

März 1994

Für vogelfrei erklärt – Bobbys Kampf um Gerechtigkeit

Bobby Brightwell, der Name war mir nicht neu. In meiner Erinnerung steht er vollkommen klar vor mir: untersetzt, stämmig, 230 Pfund, gut verteilt auf einen muskulösen, gut durchtrainierten Körper, ein im Hochsommer rötlichbraunes Gesicht, um dessen Mund ein immerzu verschmitztes Grinsen spielt, das zu einem herzlichen Lachen anwachsen konnte. Die Beschreibung des Bobby, der vor ein paar Tagen im Zeugenstand eines Gerichts im Cumberland County zu sehen war, hielt dieser Erinnerung allerdings nicht stand. Er war bleich, teilnahmslos, kränklich, abgemagert auf fast 150 Pfund, ausgezehrt und gebeugt. „Er sah aus wie ein alter Mann", stellte einer der Prozeßbesucher fest. Wodurch konnte es in nur drei Jahren zu einem so dramatischen Verfall kommen? In seiner Verhandlung wegen Körperverletzung in Gefängnishaft, bei der es um Ereignisse im mittelpennsylvanischen Rockford Prison im April 1992 ging, war der knapp vierzigjährige Brightwell nicht nur Zeuge, sondern auch Angeklagter.

Mit der schrecklichen Geschichte, die Bobby vom Zeugenstand aus schilderte, deckte er ein Stück der amtlichen Barbarei auf, die sich tagtäglich überall in Amerika in den vom Staat geschaffenen Schattenwelten, Gefängnisse genannt, abspielt. Brightwell hatte im Gefängnis den Ruf, ein Querulant zu sein - also jemand, der Beschwerden gegen Vollzugsbeamte verfaßt, weil sie gegen die anstaltseigenen Regeln verstoßen - und hatte sich so die Feindschaft des Personals zugezogen.

Am 10. April 1992, kurz vor Mittag, kehrte Bobby vom Hofgang zurück, in Handschellen und begleitet von vier (mit Schlagstöcken) bewaffneten Schließern. Er wurde mehrere Male durchsucht und wollte - zurecht - nach dem vierten Mal den Grund dafür wissen. Darauf erhielt er den Befehl, sich mit dem Gesicht zur Wand zu stellen, und bekam, als er das getan hatte, Schläge auf den Hinterkopf und in den Nacken; er wurde „Nigger" genannt und ermahnt, „sich um seinen eigenen Dreck zu kümmern". Ein Lieutenant schnappte sich einen Schlagstock und stieß dem mit Handschellen gefesselten Brightwell die Spitze mehrmals wie einen Dolch mit solcher Wucht in den Bauch, daß er keine Luft mehr bekam. Als Brightwell in die Zelle zurückging, schlug ein Sergeant absichtlich die Eisentür so zu, daß sie Bobby traf. Er mußte sich übergeben und hatte später Blut in Urin und Stuhl. Kurze Zeit darauf wurde er auf die psychiatrische Beobachtungsstation der Anstalt verlegt und in eine B-Zelle gesteckt, in der es weder eine Toilette (stattdessen nur ein

Loch im Boden) noch ein Laken, sondern nur eine urintriefende Matratze gab.

Erst drei Tage später wurde er von einem Arzt untersucht, der ihm kurzerhand eine Flüssigkeitsdiät verordnete. Doch noch heute hat Bobby Probleme, Essen bei sich zu behalten. Am 21. April 1992 wurde Bobby auf Anweisung der Gefängnisleitung trotz seiner Einwände und seiner verständlichen Angst vor Vergeltung wieder in die RHU-Abteilung[61] zurückverlegt, den Schauplatz des ersten Übergriffs. Seine Eingaben stießen auf taube Ohren, und so wurde er bei seiner Rückkehr im wahrsten Sinne des Wortes in eine Zelle „geworfen", in der das Licht nicht funktionierte, und erneut zusammengeschlagen. Diesmal waren es ungefähr zehn Wärter, die ihm die Brille aus dem Gesicht schlugen, seine Arme umdrehten, ihn würgten und so auf ihn einprügelten, daß er „überall Stiche und Schmerzen spürte", wie er vor Gericht aussagte.

Sie stießen ihn auf die eiserne Pritsche, rissen seine Beine brutal auseinander und verdrehten sie auf sadistischste Art, so daß er wie verrückt vor Schmerz schrie: „Wieso reißt ihr sie nicht gleich ab?" Mehr als fünf Stunden lag er verdreht, mit Handschellen gefesselt und mit einem Lederriemen fixiert da und erbrach sich. Ärztliche Behandlung wurde ihm vorenthalten, bis er schließlich auf die DW-Abteilung zurückgebracht wurde.

Als er Anfang September 1992 unter der Anklage der „Körperverletzung durch einen zu lebenslänglich Verurteilten“[62] vor Gericht stand, kamen die Geschworenen zu dem Schluß, daß er unschuldig sei, und sprachen ihn in allen Anklagepunkten frei.

Ein Prozeßbeobachter berichtete, daß Brightwell bei Verkündung des Urteils nicht einmal gelächelt habe. Er hat wahrscheinlich in diesem Moment an seine Folterknechte denken müssen, die Schließer, gutbezahlte Beamte, die ihm außer dem nackten Leben alles genommen hatten und niemals in irgendeiner Weise dafür belangt wurden.

September 1992

Manny und der Mordversuch

Auf den ersten Blick wirkt der Typ wie ein schwarzer Hydrant. Klein und tiefschwarz wie er ist, sieht Manny mit seinem glattrasierten, glänzenden Schädel wie eine Miniversion von Box-Champ Jack Johnson aus. Tatsächlich war er früher Boxer, sogar Champion, und er bewegt seinen muskulösen Körper so behende, als stehe er ständig im Ring. Selbst größere Gefangene behandeln ihn mit vorsichtigem Respekt. In letzter Zeit bewegt er sich allerdings etwas weniger flink, eher ein bißchen unbeholfen.

Mannys jüngste Vergangenheit könnte direkt einer Mord- und Spionagegeschichte von Robert Ludlum entspringen; sie ist aber keine Fiktion, sondern nichts als die reine, schreckliche Wahrheit.

Von klein auf war Manny Epileptiker und auf die tägliche Einnahme des krampflösenden Mittels Dilantin und des beruhigenden Phenobarbital angewiesen. In den letzten zehn Jahren hatte er faktisch keinen Anfall, bis er nach Huntingdon kam und unter die „Fürsorge" des dortigen medizinischen Personals geriet.

Nach einer offenbar inszenierten, heftigen Auseinandersetzung mit einem weißen Gefangenen, die mit der Einlieferung des Angreifers in die Krankenabteilung endete, wurde Manny in den Hochsicherheitstrakt verlegt, einem von Mauern umschlossenen „Gefängnis im Gefängnis".

Dort nahm die Geschichte ihren Lauf.

Dort geschah der Mordversuch.

Nicht etwa ein Angriff auf einen mit Handschellen gefesselten Gefangenen, sonst gängige Praxis in diesem Laden. Anscheinend ändern sich die Methoden mit der Zeit.

Während seines Aufenthalts im Trakt bekam Manny eine Reihe von Anfällen, die so stark waren, daß er hinterher in tiefe Bewußtlosigkeit fiel.

„Was zum Teufel geht hier ab?" fragte er sich. Er achtete ganz genau auf das Essen. Beobachtete. Wartete. Fastete. Wie Wellen überrollten ihn die Krampfanfälle, immer häufiger, immer heftiger. Warum, rätselte er fassungslos, warum gerade jetzt? Er bemerkte, daß ihm neue Medikamente verabreicht wurden, andere Farben, andere Dosierung, und stellte Fragen: „Was ist das?" Die Antworten, die ihm die Wärter beim Austeilen der Medikamente gaben, waren naßforsch dahingelogen: „Ach, nichts, is' nur 'ne neue Art Dilantin, hat mir die Schwester gesagt - also, willste die Arznei nun oder nicht?"

Je mehr er davon schluckte, desto schlechter ging es ihm; je heftiger die Anfälle, desto tiefer die anschließende Bewußtlosigkeit. Er setzte die Medikamente ab. Er reichte Beschwerden ein, forderte und erhielt schließlich medizinische Betreuung außerhalb der Anstalt. In der Klinik von Altoona bekam Manny die Antwort auf seine Fragen.

Neben seiner Dosis Dilantin und Phenobarbital hatte ihm jemand die Pharmaka Loxitan, Artane und Haldol (Haloperidol) untergeschoben. Dieser Cocktail wirkte wie eine chemische Keule und zerstörte seine Sehfähigkeit, seinen Gleichgewichtssinn und, was am verhängnisvollsten war, seine Leber.

Als ein Internist mit einer Gewebeprobeentnahme an seiner Leber begann, dann aber mittendrin aufhörte, sich weigerte, weiterzumachen und ihn wieder zunähte, wurde Manny mißtrauisch. Irgend etwas war oberfaul. Der Chirurg in Altoona teilte ihm mit, um seine Leber hätte sich eine glasig-harte Haut gebildet, und eine Ultraschalluntersuchung zeigte, daß das Organ geschwollen und vergrößert war. Dem medizinischen Standardwerk *Physician's Desk Reference* zufolge war die Verschreibung von Haldol bei gleichzeitiger Einnahme von Antikonvulsiva (wie Dilantin) kontraindiziert, weil es „die Schwelle für Krampfanfälle herabsetzt", mit einem Wort, es *löst epileptische Anfälle aus!*

Unter heftigen Schmerzen, die ihm beinahe den Verstand rauben, führt Manny seinen Kampf gegen die anstaltsärztliche Bürokratie weiter, die ihn von seiner sportlichen Bestform bis an den Rand des Todes gebracht hat.

Daß er noch lebt, ist ein Wunder für sich.

Daß er kämpft, ist seiner Willenskraft zu verdanken.

Daß die Schuldigen, die ihm den giftigen Chemiecocktail verschrieben haben, sich noch immer nicht dafür verantworten mußten, ist eine Anklage gegen ein rassistisches, korruptes System, das sich als ein System der Besserung ausgibt.

Manny wartet, kämpft und sammelt neue Kräfte.

April 1989

Giftalarm

Wie jeden Morgen wankt ein Gefangener benommen und schlaftrunken zur Kloschüssel, verrichtet sein tägliches Geschäft, dreht danach am Waschbecken den Kaltwasserhahn auf und spritzt sich mit den Händen Wasser ins Gesicht, um die Müdigkeit von den bleischweren Augenlidern zu waschen. Schlagartig ist er hellwach, seine Sinne sind alarmiert, doch das liegt nicht am kalten Wasser. Seine Nase rebelliert. Die Mundwinkel verziehen sich angeekelt. Im ganzen Block werden aufgebrachte Stimmen laut:

„Hey, Mann, hast du das Wasser gerochen?!"

„Verdammt, was ist los?!"

„Mensch, dieser Mist schmeckt nach Benzin!"

Würgen und Spucken ist zu hören, und im Gulag von Huntingdon, mitten in Pennsylvania, nimmt ein neuer Tag seinen Lauf. Beißender Gestank zieht durch den gesamten Block und dringt durch Stahl und Stein, als sei nur er allein in seiner penetranten Allgegenwart frei vom Eingesperrtsein. „Dreht das Wasser ab! Dreht das Wasser ab!" schallt es durch den Morgen, prallt gleich akustischen Querschlägern von den Wänden ab, Echos, die im Zickzack von Zelle zu Zelle fliegen.

Ungefähr eine Stunde später laufen Wärter den Block ab und geben Warnungen aus: „Trinkt nicht von dem Wasser. Wir bringen Wasser. Trinkt nicht von dem Wasser..." Gegen Mittag ist das Versprechen eingelöst. Von der National Guard mit Tankwagen herangeschafftes Wasser spült den schlimmsten Durst aus mehr als zweitausend Kehlen. Wasser, sinniere ich. So süß. So selbstverständlich für uns. Anscheinend ist das Wasserproblem nicht nur auf das Gefängnis beschränkt; auch andere Gemeinden außerhalb, die aus denselben Quellen versorgt werden, sind betroffen.

Ein Satz des legendären MOVE-Gründers *John Africa* über das System kommt mir in den Sinn: „Sie nehmen unser vertrautes, reines Wasser, und verwandeln es in ein giftiges Gebräu" *(The Judge's Letter* von *John Africa).* Am Abend werden wir in einer Mitteilung des Gefängnisdirektors darüber informiert, daß „eine ölhaltige Substanz durch außergewöhnlich starke Regenfälle in die Wasserversorgung der Anstalt gelangt ist". Kein Wort darüber, was für eine Substanz. Nochmals eine Warnung: Das Wasser darf nicht getrunken werden. Am Mittag darauf wird in einer weiteren Mitteilung erklärt, die Umweltbehörde von Pennsylvania habe das Wasser als „unbedenklich und trinkbar" bezeichnet. Nach nur einem Tag!

Der intensive Benzingeruch hängt immer noch in der Luft, und in den Tassen bilden sich öligschwarze Ringe. Ich muß über einen Satz nachdenken, den meine Frau und ich unter uns gebrauchen, daß nämlich Gitter und Stahl die Kraft der Liebe nicht aufhalten können. Aber diese Wahrheit hat auch ihre Kehrseite, denn Gitter, Stahl und Gerichtsurteile können nicht verhindern, daß Umweltgifte überallhin gelangen und Eingesperrte genauso wie „Freie" schädigen. Trotz der juristischen Trugbilder, die das System schafft, um Leben auseinanderzureißen und zu trennen, teilen wir Eingesperrten mit euch, den noch nicht Eingesperrten, dieselbe Luft, dasselbe Wasser und dieselbe Hoffnung. Wir teilen mit euch ein und dieselbe Atemluft. Wie uns *John Africa* lehrt, „bewegt sich alles Leben im Zusammenhang".

Für mich war es eine erschreckende Offenbarung. Einen Moment lang brachte sie mich auf die andere Seite dieser Gitterstäbe und aus diesen Mauern heraus zu Katastrophenschauplätzen wie Love Canal in New York, nach Times Beach[63] und anderen bekannten und unbekannten Giftmülldeponien, in denen still der Tod auf uns lauert.

Ich denke an weiße, wohlgenährte Familien, die außerhalb von Orten des Leidens wie diesem überleben, gut leben, über das Land verstreut, von der Außenwelt abgeschieden, mit der Illusion des Andersseins. Wieviele Hausfrauen in umliegenden Dörfern haben wohl bei Sonnenaufgang mit verschlafenen Augen den Teekessel mit Wasser gefüllt, aus der Tasse aufsteigende Benzinschwaden eingeatmet und gewürgt?

Die Erde ist eine einzige große Kugel. All die Grenzen, Barrieren, Käfige, Zellen und Gefängnisse unseres Lebens, sie alle haben ihre Quelle in den Irrtümern menschlicher Vorstellungen.

Mai 1989

Seelentod

Über das „Leben" hinter Gefängnismauern ist viel gesagt und geschrieben worden. Manche schreiben über die plötzlich aufflammenden Gewaltausbrüche, solche Themen sichern ihnen die Aufmerksamkeit der Leser. Andere wieder spielen die Rolle der Gewalt herunter, weil sie befürchten, die Leser könnten die düsteren Bilder, die so weit von ihren eigenen Erfahrungen entfernt sind, schlicht für unglaubwürdig halten. Wie immer liegt die Wahrheit irgendwo in der Mitte.

Daß Gefängnisse ein Nährboden für Gewalt sind, läßt sich nicht leugnen. Doch sie bricht nicht täglich offen aus. Das eigentlich Schreckliche am Gefängnis sind die tagtäglichen banalen Vorkommnisse, die Tage in Monate, Monate in Jahre und Jahre in Jahrzehnte verwandeln. Das Gefängnis ist in jeder Sekunde ein Angriff auf die Seele, eine tagtägliche Erniedrigung des eigenen Selbst, ist wie eine übergestülpte Glocke aus Stein und Eisen, unter der Sekunden zu Stunden und Stunden zu Tagen werden. Wenn ein Mensch in dieses ferne Nirgendwo verbannt ist, scheint die Zeit stillzustehen. Doch sie tut es natürlich nicht wirklich. Die Kinder draußen werden erwachsen, kriegen oftmals selber Kinder. Einst von Liebe erfüllte Beziehungen zerfallen zu

Staub. Verwandte sterben und werden in stiller Einsamkeit betrauert. Zeiten, Stimmungen und Sitten ändern sich, und die Eingesperrten bewegen sich in einem längst vergangenen Rhythmus. Psychisch eingesponnen in einen Kokon der Selbstverleugnung werden die Schlechten schlechter und nähren sich wie die Aasgeier vom Bösen. Wer schon Verletzungen in sich trägt, dem wird noch mehr Leid zugefügt, und wer schon vorher ein bißchen verschroben war, der wird völlig verdreht. Leere, unproduktive Stunden werden zu Jahren des Nichts. Das ist das rauhe Antlitz der „Besserung" in unserer Zeit, die niemanden bessert, aus der niemand besser herauskommt als er hineingegangen ist. Das ist das Gesicht der „Besserung", die einer sozialen Gruppe Bildung verwehrt, deren Analphabetenrate auf 60 Prozent geschätzt wird. Die abstumpfende und Gefühle tötende, brutale Monotonie, die jeden Tag zum Echo des vorhergehenden macht und weder den Gedanken an Weiterentwicklung noch die Hoffnung darauf zuläßt, macht das Gefängnis zu einem Ort, an dem die Seele stirbt - für über eine Million Männer und Frauen, die derzeit in den Höllenkerkern der USA festgehalten werden. Welchem gesellschaftlichen Interesse dient es, wenn Gefangene weiter Analphabeten bleiben? Welcher gesellschaftliche Nutzen liegt in Unwissenheit? Wie sollen Menschen während ihrer Gefangenschaft gebessert werden, wenn ihnen Bildung verweigert wird? Und wer, außer dem Gefängnissystem selbst, profitiert von dummen Gefangenen?

November 1994

Umkehr zum Tod

Man sollte annehmen, ein Mensch in der Todeszelle sei an schlechte Nachrichten gewöhnt.

Irrtum. Niemand gewöhnt sich daran.

Zwei Männer schauen sich genau an, während sie sich in dem Stahlkäfig unterhalten, der ihnen die einzige Gelegenheit in den vierundzwanzig Stunden eines Tages bietet, einen Sonnenstrahl zu erhaschen oder frische Luft zu atmen (oder relativ frische - denn der intensive Geruch von Kuhmist hängt träge im Frühlingswind). Beide kämpfen unaufhörlich darum, dem Tod zu entkommen und die Freiheit zu erlangen, und bei beiden ist erst kürzlich die eingelegte Berufung vom höchsten Gericht im Bundesstaat abgelehnt worden.

„Verdammt, Chuck - tut mir leid, daß sie dich abgeschmettert haben, Mann. Ich bin der einzige Grund für diese linke Sache gegen dich."

„Hey, Mu, gibt nichts, was dir leid tun müßte. Du bist nicht verantwortlich dafür, sondern die."

„Ja, aber als ich die Urteilsbegründung gelesen habe, stammte jedes einzelne Wort aus meinem Verfahren! Ich mußte wirklich oben auf die Seite gucken, um ganz sicher zu sein, daß da nicht *Commonwealth gegen Abu-Jamal*[64] stand, sondern *Commonwealth gegen Beasley!*[65] Hast du das nicht auch gedacht, als du die verdammte Urteilsbegründung gelesen hast?"

„*Welche* verdammte Urteilsbegründung?"

„Was meinst du, Chuck?"

„Ich mein', ich hab keine zu lesen gekriegt, Mann!"

„Und wie hast du dann rausgekriegt, daß sie dich abserviert haben?"

„Ich denk', genauso wie du - hab's in 'ner Zeitung gelesen."

„Eh, Chuck, willst du damit etwa sagen, daß du's nicht über deinen Anwalt erfahren hast?"

„Jaaa, Scheiße, Mu, ich hab von meinem Anwalt nichts mehr gehört seit Februar 1988, seit sie mir damals das Todesurteil aufgebrummt haben."

„Ich muß raus hier, zur Hölle!"

„Mensch, denkst du, da wär' ich nicht schon längst hin, wenn ich nur könnte?!"

Die beiden lachen über den witzigen Spruch, aber das Lachen kommt nicht aus dem Bauch. Beasley grinst zwar von einem Ohr bis zum anderen, aber seine Augen lachen nicht mit, denn zur Freude gibt es kaum einen Grund. Wenn Augen wirklich Spiegel der Seele sind, dann liegt in seinen eine unendliche Trauer.

Ich schaue weg, besorgt, was sich wohl in meinen widerspiegeln mag.

Beasley und ich haben vieles gemein - genug für ein ganzes Leben: denselben Richter, denselben Staatsanwalt und dessen eindringliche Appelle an die Geschworenen, „ein Todesurteil bedeutet nicht, jemanden zu töten", da der Angeklagte „Berufung nach Berufung nach Berufung einlegen und das Urteil schließlich aufgehoben werden kann, oder was auch immer." Im Februar 1988 revidierte das zuständige höchste Berufungsgericht von Pennsylvania dieses im Beasley-Prozeß gegenüber der Jury vorgebrachte Argument und erklärte es für unzulässig und irreführend und folgerte, daß das Todesurteil nicht aufrechterhalten werden könne.

Zwei Jahre später, Ende Januar, verwarf der Oberste Gerichtshof von Pennsylvania diese Entscheidung des Berufungsgerichts und setzte das Todesurteil wieder in Kraft. (Am selben Tag wurde mein Gesuch abgelehnt, meinen Fall erneut zu verhandeln). Daß man so etwas aus einer sieben Tage alten Zeitung erfahren muß!

Zu diesem Zweck bediente sich das höchste Gericht im Staate eines juristischen Taschenspielertricks: Es zitierte fehlerhaft aus der gegenüber meinen Geschworenen verwendeten Beweisführung aus einer Phase der Verhandlungen, in der es noch um Schuld oder Unschuld ging, um damit in Beasleys Prozeß die Beweisführung in der Urteilsphase zu rechtfertigen. Dabei verstieß es gegen eine eigene, als Präzedenzfall geltende Entscheidung aus dem Fall *Commonwealth gegen Baker*[66] und gegen eine Verfügung des Obersten US-Bundesgerichts im Fall *Caldwell gegen Mississippi*[67].

Das Landgericht von Pennsylvania hatte unter Berufung auf Formfehler im Fall *Caldwell-Baker* Beasleys Todesurteil aufgehoben; der Oberste Gerichtshof von Pennsylvania verhängte es zwei Jahre später unter Berufung auf den Fall *Abu-Jamal* erneut.

Die beiden Männer spielen lustlos einige Partien Handball in ihrem Käfig, sind aber nicht bei der Sache. In Gedanken sind sie meilenweit entfernt, bei Angehörigen und Freunden, die still gegen ihre Trauer ankämpfen, grübeln über die juristischen Strategien von morgen und ein Rechtssystem, das auf Gesetzen beruht, die so wechselhaft sind wie das unbeständige Wetter in Mittelpennsylvania.

April 1990

Qualvolle Tage – tödliche Nacht

Der grauhaarige Kalfaktor brachte den Frühstückskaffee und die Neuigkeiten - erschütternde Nachrichten.

„Du kennst doch diesen Woolfolk, Mu?“

„Ja klar, was ist mit ihm?“

„Hat sich letzte Nacht erhängt.“

„Ich flipp' aus, mach bloß keine Witze!“

„Ohne Scheiß, Mann. Er ist tot. Sie haben ihn letzte Nacht rausgetragen.“

Meine Gedanken wandern zurück zur vergangenen, ruhig durchschlafenen Nacht. Ich konnte nicht im geringsten ahnen, welche Tragödie sich ein paar Zellen weiter abgespielt hatte. Eine Nacht, in der einer seiner Verzweiflung durch ein verknotetes Bettlaken ein Ende gesetzt hatte.

Craig Woolfolk, einundvierzig Jahre alt und vollkommen durchgedreht - seine weinerliche, vom Whisky rauhe Stimme und das unaufhörliche Gebrabbel, das viele zur Weißglut getrieben hatte, waren endgültig verstummt.

Woolfolk - der Name gefiel mir, obwohl mir der Mann ziemlich gleichgültig gewesen war. Der Name Woolfolk schien so passend für einen Schwarzen; aber der Kerl war auch ein manischer Schwätzer gewesen, und seine Stimme hatte mir in zahllosen Nächten den Schlaf geraubt. Ich mußte an seinen unerwarteten, mutmaßlichen Selbstmord denken, und dachte an viele andere - wie erst vor ein paar Wochen Pipehead -, die ihre Erlösung im Tod gesucht hatten. Es erinnerte mich an eine Erklärung aus der Feder des MOVE-Märtyrers und Umweltministers Frank Africa im berüchtigten Fall *Africa gegen Commonwealth of Pennsylvania*[68] (1981), in dem Frank für die MOVE-Bewegung eine ihrem Glauben entsprechende Ernährung einforderte.

Das Gericht ergriff zwar erwartungsgemäß Partei für den Staat und gegen den Gefangenen und lehnte den Antrag ab, doch war das Anliegen klargemacht worden. In seiner Erklärung zeigt MOVE-Umweltminister Frank mit treffender Logik das widersprüchliche Verhalten des Staates auf, der einerseits den Gefangenen ein gesundes Leben verweigert, andererseits aber ein todbringendes Regime im Todestrakt führt:

> »Unsere Lehre, die uns durch die Großzügigkeit unseres Lehrers *[John Africa]* zuteil wurde, durchbricht die Bitternis des Neides, erfüllt die Leere, die diesen Haß hervorbringt, und schafft Respekt und Vertrauen, wo vorher Neid herrschte. Das kann man an den Gefängnissen erkennen, in denen unsere Ordnung bereits umgesetzt worden ist, da wir dort *auf breiter Basis* respektiert sind, weil wir all denen eine Orientierung geben, die unter der von diesem System praktizierten Deprivation leiden... Wenn dieses System in seinen Gefängnissen einen ständigen Vorrat an Ziga-

retten bereitstellt, die den Menschen ihre Gesundheit nehmen, sie mit minderwertigem Essen versorgt, von dem ihnen die Zähne ausfallen, eine perverse Ordnung aufrechterhält, die ihnen ihre geschlechtliche Identität verweigert, Geburtenkontrollmethoden verordnet, die sie ihrer Fortpflanzungsfähigkeit berauben, die Verabreichung von drogenverseuchten Lebensmitteln und hirnschädigenden Medikamenten unterstützt, die den Menschen sogar ihren *Verstand* rauben, und dabei die Eignung *unserer* Ernährung in Zweifel zieht, andererseits aber all diesen Wahnsinn nicht in Frage stellt, dann muß dieser Rückschluß genau unter die Lupe genommen werden. Denn unsere Ernährung ist unbestreitbar unschädlich, wohingegen diese Unordnung ebenso fragwürdig ist wie die chaotischen Grundlagen, aus denen sie sich ableitet. Aus genau diesem Grund ist es dumm, uns unsere Ernährung aus Angst zu verweigern, Gefangene könnten Wein herstellen; es ist eine unverhohlene Beleidigung, da es die Gefängnisse sind und dieses System, die diesen Perversionen frönen und uns ihre Auswirkungen an den zugrundegerichteten Gefangenen als Drohung vor Augen führt, und *nicht* MOVE; denn *John Africa* hat uns zu sauberen Menschen gemacht, zu weisen Menschen, zu frommen Menschen... Es ist lächerlich und schizophren, daß man sich in den Gefängnissen dieses Systems einerseits Sorgen macht wegen der möglichen Herstellung von Wein, und andererseits die

Menschen mit Thorazin und Tranquilizern vollpumpt und mit Phenobarbital betäubt, ihre Körper mit *verheerenden*, gefühlstötenden Chemikalien aller Art abfüllt, ihnen ihre Nüchternheit mit chemischen Waffen wie Barbituraten nimmt, sie mit Aufputsch- und Beruhigungsmitteln vergiftet, und betrunken und schwankend mit der Hoffnungslosigkeit *alleinläßt*, sie bei ihren Versuchen, diesen diabolischen Intrigen zu entkommen, zum *Zusammenbruch* und in den Selbstmord treibt, sie dazu treibt, sich auf der Suche nach Erlösung zu erhängen, sich die Pulsadern aufzuschneiden, die Kehle aufzuschlitzten und die Schädel zu zerschmettern, um die Qualen zu lindern, die ihnen dieses System beibringt, indem es Leute an den Rand des Wahnsinns treibt und ihnen keine andere Wahl läßt, als in den Tod zu springen ... Wir haben die Tragödie immer und immer wieder gesehen, Tragbahren, auf denen die Opfer dieser Greuel weggeschafft wurden, ermordet durch jenen Eindringling, der diese Folter praktiziert.«

Frage: Warum nennen sie das immer noch „Besserung“?

Januar 1990

„Camp Hell" unter Anklage

»Den Grad der Zivilisiertheit einer Gesellschaft kann man beurteilen, wenn man ihre Gefängnisse betritt.«
Fjodor Dostojewskij
Aufzeichnungen aus einem Totenhaus

Camp Hill, berüchtigtes Gefängnis in Mittelpennsylvania und Schauplatz eines zwei Tage wütenden, heftigen Aufstands, erlangt aktuell neue fragwürdige Berühmtheit - allerdings nicht wegen seiner Insassen, sondern wegen des Anstaltspersonals. Wie nach der furchtbaren Rebellion in Attica 1971[69] waren die Gefangenen auch hier in der Zeit nach der Revolte einer beinahe barbarisch zu nennenden Welle von Repression ausgesetzt. Wie die *Harrisburg Sunday Patriot-News* berichten, sind Gefangene nach dem Aufstand gezielt gefoltert, bestohlen, terrorisiert und gedemütigt worden.

Sie wurden zunächst in Handschellen gelegt und aneinander gekettet. So mußten sie es drei Tage lang aushalten, draußen im Gefängnishof. Dieses ans Mittelalter erinnernde Vorgehen fand erst dann ein Ende, als die Pennsylvania Sektion der American Civil Liberties Union (ACLU) einschritt und vor einem Bezirksrichter eine einstweilige Verfügung erwirkte. Bis dahin nutzten die „Besserungs"-Beamten allerdings jede sich bietende Gelegenheit, die Gefangenen noch weiter zu demütigen.

Ein Gefangener berichtete: „Wenn man zur Toilette wollte, konnte man sich wegen der Handschellen, die wir alle trugen, ...nicht selbst abwischen. ... Sie verlangten, daß der jeweilige Nachbar das macht. Weigerte sich der, wurde er mit Schlagstöcken traktiert, und alle beide mußten sich mit dem Gesicht nach unten auf das Basketballfeld legen." (*Harrisburg Sunday Patriot-News*, 26.11.1989). Bei der mittelpennsylvanischen Zeitung gingen mehr als ein Dutzend Briefe von Gefangenen ein, die allesamt aus Angst vor Repressalien um Anonymität gebeten hatten. Die persönliche Habe von Gefangenen wurde wahllos zerstört, mit Ausnahme von Schmuck, den sich das Personal einfach in die eigene Tasche steckte. Ein Gefangener berichtete: „Ich sah einen Schließer mit meinem Ehering am Finger." Es versteht sich von selbst, daß die Pressesprecher der Gefängnisse erklärten, die Vorwürfe würden zunächst untersucht - zum Beispiel der, ein Schließer habe „nur so zum Spaß" einem Mann seine brennende Zigarette ins Ohr gesteckt.

Lois Williamson, die temperamentvolle alte Dame aus Philadelphia, die der Bezirksgruppe der Gefangenenhilfe Citizens United for the Rehabilitation of Errants (CURE) vorsitzt, äußerte Reportern gegenüber, daß Gefangene, die von Mißhandlungen berichteten, brutal bestraft würden. Wegen eines Briefes nach Hause, der zu zahlreichen Anrufen von Angehörigen im Gefängnis geführt hatte, seien mehrere Gefangene geschlagen worden, so die Gefängnisreformerin weiter. Übrigens war Frau Williamson schon Ende 1988 aus dem Stab freiwilliger Mitarbeiter bei der alten Pennsylvania Prison Society rausgeflogen. Sie hatte es gewagt, öffentlich in einem überall in den USA ausgestrahlten Fernsehinterview Kritik an den Strafvollzugsbehörden von Pennsylvania zu üben, weil Brutalität in den Gefängnissen an der Tagesordnung sei, weil auf Mißstände nicht reagiert würde und weil die Anstalten stark überbelegt seien.

Die Pennsylvania Prison Society entzog ihr das offizielle Besuchsrecht in den Gefängnissen mit der Begründung, die geradlinige Aktivistin ruiniere die Glaubwürdigkeit der Organisation gegenüber den Behörden. Seit nun weltweit über „Camp Hell" - das Höllen-Camp - berichtet wird, scheint gerade Frau Williamson glaubwürdig, die Prison Society dagegen wird von Gefangenen und deren Angehörigen als eine Kritik gegenüber wenig aufgeschlosse, inzestuös mit der Regierung verflochtene Organisation betrachtet, die weder Interesse daran hat noch über die finanziellen Mittel verfügt, der weiteren Verrohung der Menschen in Haft etwas entgegenzusetzen.

Schließer, die im Namen des Volkes stehlen, die Menschen mißhandeln und vorsätzlich erniedrigen, führen den Begriff „Besserungs"-Beamter ad absurdum. Ein Ministerium, das solche Fälle von staatlicher Kriminalität toleriert, ignoriert und geflissentlich übersieht, gleichzeitig aber Gefangene für banale angebliche Grenzüberschreitungen bestraft, sollte sich nicht mit dem Titel „Besserung" schmücken. Denn niemand wird dadurch gebessert, daß er bestohlen, angekettet und mißhandelt oder mit Handschellen gefesselt und gedemütigt wird. Eine Regierung, die dafür steht, macht Menschen zynischer, kälter und berechnender.

November 1989

Alltag und Alptraum im B-Block

»Denn woher nahm Dante den Stoff für seine Hölle, wenn nicht von unserer existierenden Welt? Und doch hat er daraus eine sehr treffliche Hölle geschaffen.«
Arthur Schopenhauer, Homo Homini Lupus[70]

Ein Schubsen, ein Motzen, Fausthiebe - ein Gefangener wird in Handschellen gelegt und zur RHU-Abteilung abgeführt, wo die Prügelei weitergeht. In das trügerische Refugium meiner süßen Träume dringt das unverkennbare Geräusch von Knüppeln, die auf einen Körper einschlagen, von Stiefeltritten, von Schreien, Flüchen. Sie verweben sich mit den Bildern aus der Traumfabrik in meinem Kopf und wecken entfernte Erinnerungen an den ein oder anderen Volltreffer, den das Philadelphia Police Department bei mir landen konnte.

„Hände weg von dem Mann, du fettes, schmieriges Rassistenschwein - Drecksau - Arschloch!"

Meine müden Augen öffnen sich; die Schläge, das dumpfe Aufprallen, die „Uhffs!" sind zu deutlich. Verdammt. Das ist kein Traum.

Ich koche vor Wut über diese abrupte Störung einer der letzten Annehmlichkeiten im Leben - das Träumen im B-Block, der „Heimstatt" des größten Todestrakts im ganzen Bundesstaat, ist wie ein stets zu kurzer (Haft-)Urlaub.

Ein neuer Morgen, eine neue Schlägerei, ein weiterer gefesselter Gefangener, der von einem Rollkommando in den Boden gestampft wird.

Das war Ende Oktober 1989, und von da an begannen heiße Tage und Nächte, in denen die Gefangenen im ganzen Bundesstaat ihrem Zorn freien Lauf ließen. Als die häßliche Szene sich wohl an die tausendmal wiederholt hatte, wurde schließlich die bescheidene Bitte an die Anstaltsleitung gerichtet, sie möge dafür sorgen, daß mit Handschellen gefesselte Gefangene im B-Block nicht länger geschlagen würden. Das löste einen Konflikt aus, der am Ende mit Schlagstöcken und Stiefeln, Wasserschläuchen und Elektroschockwaffen niedergeknüppelt wurde.

In einer Zeit, in der in Osteuropa Mauern fallen und Demonstranten das Ende des staatlichen Polizeiterrors bejubeln, werden die Mauern im Westen immer höher. Die Gefängnisse in Amerika spotten den rhetorischen Phrasen von Freiheit, mit denen hier die Entwicklung von Glasnost im Ostblock begeistert kommentiert wird. Das Oberste Bundesgericht der USA hat die Gefängnistore hermetisch verriegelt. Die Bürgerrechte, das Recht auf Pressefreiheit, das Recht auf freie Religionsausübung enden hier. (Vergleiche z. B. die Prozesse *Shabazz gegen O'Lone*[71] und *Thornburgh gegen*

Abbott[72].) Gegen Ende der achtziger Jahre wurde der Begriff „Rechte von Gefangenen“ faktisch zum Oxymoron[73].

Die in den Gefängnissen von Pennsylvania aufflakkernden Aufstände zeugten von dieser Realität: Es waren keine Revolten der Aggression, sondern der Verzweiflung, und die Aufständischen waren Menschen, beinahe wahnsinnig vor Angst, denn hinter ihnen waren die Gefängnistore verriegelt worden, und vor ihnen schlugen die Türen der Gerichte zu, die ihre einzige legale Hoffnung waren.

Im A-Block von Huntingdon eskalierte eine Schlägerei zwischen einem Wärter und einem Gefangenen zu einem ausgewachsenen Aufstand.

„Beweg dich endlich, Scheißnigger! Ich trag dir deinen schwarzen Arsch nicht hinterher!“

„Schwarzes Niggerarschloch!“ Murren, dumpfe Schläge, Stöhnen und Flüche begleiteten die Prozession von in Handschellen gelegten Gefangenen, darunter viele der Aufständischen aus dem A-Block. Auf ihrem Weg zu den Käfigen draußen, mannsgroßen Hundezwingern aus Maschendraht, wurden sie durch die schmutziggrauen Flure des Todestrakts im B-Block geschleift, geschunden und vorwärtsgetrieben.

„Was schleifen Sie den Mann da über den Boden!“ schnauzte ein externer Beamter einen Wärter aus Huntingdon an. „Schluß damit!“

„Captain“, antwortete der Schließer, und seine Stimme überschlug sich vor Wut, „dieser Scheißnigger will nicht laufen!“

Die Gefangenen wurden in Käfigen zusammengetrieben - die meisten blutverschmiert, einige nur in Unterwäsche, alle durchnäßt, stundenlang der kalten Nachtluft ausgesetzt.

Tage später erreichte die Aufstandswelle Camp Hill in Mittelpennsylvania. Gefangene nahmen Geiseln, von denen einige verletzt wurden, und setzten einen Großteil der 48 Jahre alten Anstalt in Brand. Zwei Nächte lang zog das am meisten überfüllte Gefängnis des Bundestaats die Aufmerksamkeit der Öffentlichkeit auf sich. Eine ganze Batterie von Schließern und Polizisten mußte aufgeboten werden, um zumindest den Anschein zu erwecken, die Situation sei unter Kontrolle.

„Sag 'Ich bin ein Nigger'! Los, sag schon!" provozierten Angehörige der Knüppelgarde die schwarzen Gefangenen und prügelten auf die ein, die sich weigerten - so der Augenzeugenbericht des politischen Gefangenen Chuck Africa von MOVE, der zwar selbst nicht an dem Aufstand beteiligt war, aber trotzdem von Schließern geschlagen wurde.

Tage nachdem die Brände in Camp Hill gelöscht waren - die Gefangenen dort standen noch immer aneinandergekettet im rußbedeckten Innenhof -, brach in Holmesburgh in Philadelphia die heftigste Revolte seit beinahe zwanzig Jahren aus. Auf dem Höhepunkt des Aufstands brüllten die Gefangenen: „Camp Hill! Camp Hill!"

Die Kosten für den Wiederaufbau von „Camp Hell" werden inzwischen auf gigantische 21 Millionen US-Dollar geschätzt. Um die Kosten für die Strafverfolgung von Aufständischen abzudecken, die dem Regierungsbezirk entstehen werden (es geht um die übertrieben hohe Summe von 1,25 Millionen US-Dollar), werden eigens neue Gesetze eingeführt. Die gern gebrauchte formelhafte These, allein die Überbelegung habe zu dem Tage und Nächte andauernden Wutausbruch der Gefangenen geführt, muß kritisch hinterfragt werden. Sicherlich war auch die offizielle Politik, zu viele Gefangene auf engem Raum zusammenzupferchen, ein Faktor, aber eben nur einer unter vielen.

1987 veröffentlichte die vom Gouverneur einberufene, aus acht ministeriellen Mitgliedern bestehende, ressortübergreifende Arbeitsgruppe Strafvollzug einen umfassenden Bericht, in dem Veränderungen in den staatlichen Gefängnissen gefordert wurden: eine Reform des Disziplinarsystems, Einführung der vorzeitigen Entlassung, Liberalisierung der Besuchsvorschriften, Verlegung der Todeskandidaten aus dem RHU-Trakt mit verschärften Haftbedingungen und Einführung von sinnvollen Bildungsangeboten. Der Bericht verstaubte trotz der ausgesuchten Autorenschaft in den Amtsstuben, noch bevor seine wichtigsten Versprechen eingelöst waren, denn nur von Almosen ließen sie sich nicht realisieren.

Die Ernennung von David Owens Jr. zum Strafvollzugsbeauftragten im Jahr 1987, dem ersten Schwarzen in dieser Spitzenposition, mag vor allem unter den Schwarzen, deren Anteil an den Gefangenen 56% beträgt, hohe Erwartungen geweckt haben. Doch die Enttäuschung war groß. Für die Gefangenen änderte sich an der Grundsituation rein gar nichts - überwiegend vom Lande kommende Weiße üben ihre Herrschaft über vorwiegend aus den Großstädten stammende Afros und Latinos aus. War es bloß ein Zufall, daß die Flamme der Revolte am hellsten in Camp Hill brannte, in Sichtweite des Amtssitzes des Strafvollzugsbeauftragten?

Owens Amtszeit erwies sich als ebenso kurz wie geschichtsträchtig. Politiker protestierten, als er geringe Schadensersatzleistungen für die Gefangenen vorschlug, die nach den Aufständen durch Plünderungen von Beamten ihre Habe verloren hatten. Der in seiner ersten Amtsperiode regierende, erzkonservative Gouverneur von Pennsylvania Robert Casey akzeptierte Owens Rücktritt mit Blick auf die bevorstehenden Wahlen und auf die Politiker, die den Strafvollzugsbeauftragten und die Gefängnisse zum Wahlkampfthema machen wollten. Angesichts von über 21.000 Häftlingen in teilweise bis zu 50 Prozent überbelegten Gefängnissen und angesichts von weiteren mehr als 700 Häftlingen im US-Bundesstrafvollzug überrascht es nicht, daß sich kein Nachfolger für Owens politisch sensibles Amt findet.

Vielleicht kommt es nicht von ungefähr, daß das Gefängnissystem ausgerechnet in dem Staat in die Krise gerät, in dem unter dem Einfluß der Quäker das erste echte Zuchthaus der Welt entstand. 200 Jahre nach Beginn dieses grausamen Experiments wird offensichtlich, daß es gescheitert ist.[74]

Eine Staatsvertreterin (seither von ihren Kollegen kritisiert, weil sie „unverantwortliche“ Erklärungen abgebe) sagte der Nachrichtenagentur United Press International gegenüber couragiert die ansonsten vertuschte Wahrheit.

Sollte es nicht zu ernsthaften Veränderungen kommen, so prognostizierte sie, dann „werde es auch weiterhin Revolten geben".

Repression ist keine solche Veränderung; sie ist derselbe alte Mist.

The Nation, April 1990

Teil zwei

Verbrechen und Strafe

Lagerstätten für Menschenmüll

Ein bedrohlich repressiver Trend erfaßt die gesamte „Besserungs"-Branche in den Vereinigten Staaten; er verheißt Schlimmes für die Eingesperrten und für die *Communities*, denen sie entrissen wurden.

Amerika zeigt ein Gesicht voller Härte. Nirgends ist es verzerrter als in der Schattenwelt der Gefängnisse, einer Welt, in der Menschen zu Unpersonen verformt werden, eingesperrt in numerierten Schließfächern, in denen das Leben stillsteht, einer Welt, die die Seele zerstört.

Wir befinden uns mitten im Prozeß der *Marionisierung*[75] US-amerikanischer Gefängnisse: Von der Rehabilitation des Menschen, einst zentrale Aufgabe des Strafvollzugs, ist nicht einmal mehr die Illusion geblieben. An ihre Stelle tritt gezielte Entmenschlichung. Weil die Gefängnisse aus allen Nähten platzen, konkurrieren die Bundesstaaten erbittert um Gelder für den Bau neuer Sicherheitsgefängnisse, die unter Bezeichnungen wie RHU, SMU, SHU, Supermax etc. bekannt sind. Die amtlichen Pressesprecher verkaufen diese Anstalten der Öffentlichkeit als isolierte, weit draußen auf dem Land gelegene Reservate für „die Schlechtesten der Schlechten".

Genauso wurde auch der berüchtigte Dauereinschluß im Marion Federal Penitentiary gerechtfertigt, wohin die Regierung prompt eine ganze Reihe politischer Gefangener verlegte, darunter zeitweise den ehemaligen Black Panther Sundiata Acoli, den ehemaligen Aktivisten des American Indian Movement Leonard Peltier, den wegen „Verschwörung zum Widerstand" angeklagten Dr. Alan Berkman, den weißen nordamerikanischen Antiimperialisten Tim Blunk und andere. Amnesty international meldete 1987, in Marion werde gegen fast sämtliche Minimalstandards der Vereinten Nationen zur Behandlung von Gefangenen verstoßen. Mehrere Fernsehsender berichteten vor kurzem über das „Supermax" im kalifornischen Ort Pelican Bay, einer staatlichen Folterkammer, die Gefangene in „Skeleton Bay" - Skelettbucht - umbenannt haben. In Pennsylvania wurde in einer finanzschwachen, ländlichen Gegend ein Sonderhafttrakt gebaut, eine Abteilung mit dem Namen „Special Management Unit" (SMU). Dort hat sich der Staat darauf spezialisiert, die Gefühlswelt der Gefangenen zu zerstören. Speziell *jailhouse lawyers* werden hier diszipliniert und Gefangene, die die Dreistigkeit besaßen, ein zivil- oder strafrechtliches Verfahren zu gewinnen. Dazu ein Fallbeispiel. Dennis „Solo" McKeithan berichtet aus der Zeit, bevor er in die SMU verlegt wurde: „In meiner Haftzeit von Juni 1985 bis zum 1. November 1989 war ich nie im Bunker. Verstöße gegen die Anstaltsordnung waren schlimmstenfalls mal zwei bei mir gefundene Marihuanazigaretten. Drei Jahre lang lief überhaupt nichts wegen schlechter Führung, ich beschäftigte mich mit Lernen, [war] Nachhilfelehrer für Lesen und Schreiben und so weiter." Im März 1992 änderte sich alles, nachdem Solo beschuldigt wurde, einen Krankenwärter im Gefängnis von Huntingdon angegriffen zu haben. Kurz danach sah ich ihn in einem Käfig im B-Block, sein linkes Auge war zur Größe eines Golfballs angeschwollen.

Am 13. November 1992 wurde Solo vor Gericht gestellt und völlig unerwartet *freigesprochen* (man höre und staune!), und dies von ausschließlich weißen, vom Lande kommenden Geschworenen aus dem Landkreis Huntingdon, die dem (weißen) Krankenwärter seine Geschichte nicht abnahmen.

Am 17. November 1992 wurde Solo trotz des Freispruchs in die SMU überführt und in Einzelhaft gesteckt.

Seitdem hat er achtzehn Pfund abgenommen, doch er kämpft energisch für seine Freiheit und seine Würde gegen ein System, das ihm beides bewußt verweigert.

September 1993

Schwarzer Todesmarsch

Jeden Tag zieht der Treck in Amerika ein Stück weiter, eine schwarze Marschkolonne Richtung Todestrakt.

In Pennsylvania machen Afroamerikaner neun Prozent der Gesamtbevölkerung aus, doch die Todeszellen sind zu über 60 Prozent mit Schwarzen belegt. In den gesamten Vereinigten Staaten zeigt sich die gleiche Tendenz, auch wenn die Zahlen weniger kraß ausfallen. Im Oktober 1991 veröffentlichte das US-Bureau of Justice Statistics die aktualisierten Daten, nach denen in den USA 40 Prozent der Gefangenen in den Todestrakten Schwarze sind. Von der Gesamtbevölkerung der USA machen sie dagegen nur zwölf Prozent aus. In den fünf Bundesstaaten mit den größten Todestrakten liegt der Prozentsatz der Schwarzen in den Todeszellen jeweils höher als ihr Anteil an der Gesamtbevölkerung.

Statistiken sind meist sehr flexibel interpretierbar und können, wie die Bibel, als Beleg für alles herhalten. Sind die Afroamerikaner also Unschuldige, die der besonderen Perfidie von Staatsbeamten ausgesetzt sind? Nicht direkt. Allerdings weist alles darauf hin, daß die staatlichen Akteure an all den verschiedenen Stationen des Strafverfolgungssystems - vom „Fertigmachen“ auf der Polizeiwache, über die Vorführung zum Haftprüfungstermin, die Vor- und die Hauptverhandlung bis hin zur Verurteilung vor Gericht - afroamerikanische Angeklagte mit einer revanchistischen Härte behandeln, die weiße Angeklagte nicht erleben.

Dies entspricht der lexikalischen Definition des Begriffs „Diskriminierung“.

Im Fall *McCleskey gegen Kemp* von 1987 konstatierte die bekannte Baldus-Studie Fakten, die die folgenden Punkte eindeutig belegen: 1. In Georgia werden Angeklagte, denen ein Mord an weißen Opfern zur Last gelegt wird, mit 4,3 mal höherer Wahrscheinlichkeit zum Tode verurteilt als Angeklagte, die wegen Mordes an Schwarzen vor Gericht stehen. 2. Sechs von je elf Angeklagten, die für den Mord an einem Weißen verurteilt wurden, wären nicht zum Tode verurteilt worden, wenn ihr Opfer schwarz gewesen wäre. Und 3. enden Fälle, in denen die Angeklagten schwarz und die Opfer weiß sind, mit höherer Wahrscheinlichkeit mit einem Todesurteil als Fälle mit beliebigen anderen rassischen Kombination von Täter und Opfer.[76]

Das Oberste Bundesgericht der USA hat zwar die Klage McCleskeys mit einem Votum von fünf gegen vier Stimmen abgelehnt, doch die ihr zugrundeliegenden Fakten konnte es schwerlich bestreiten.

„Unterschiedlichkeit läuft nicht auf Diskriminierung hinaus“, so die Kernaussage des mittlerweile pensionierten Richters Powell.

Der eigentliche Grund dafür, daß die von McCleskey eingelegte Berufung abgelehnt wurde, war die auch von Powell zum Ausdruck gebrachte Befürchtung, daß die „Klage McCleskeys in ihrer logischen Konsequenz die Grundsätze, auf denen unser gesamtes Strafrechtssystem beruht, ernsthaft in Frage stellen würde".[77] Wie wahr. Die Klage *McCleskey* kann nicht richtig sein, weil sonst das ganze System falsch wäre.

Und das kann ja wohl nicht sein, oder?

Dezember 1991

Sklaven im Rausch II

Ein Schreckgespenst sucht die schwarzen Communities in Amerika heim. Wie ein Vampir saugt es die Seele aus schwarzem Leben, hinterläßt leere Hüllen, die sich bewegen, leben, und doch emotional und geistig tot sind. Schuld ist nicht der finstere Graf Dracula oder der Fluch eines bösen Zauberers, schuld sind die weltumspannende Habgier, der Betrug durch die Regierung und die ewige Sehnsucht der Armen, die Fesseln der bitteren Armut abzustreifen, und sei es auch nur für einen noch so kurzen Moment.

Ihr Ausweg buchstabiert sich C-R-A-C-K. Crack. Roll. Man mag es nennen, wie man will, tatsächlich ist es in den afroamerikanischen Communities ein anderes Wort für „Tod".

Geerntet im Hochland von Peru, verarbeitet in Dschungellabors, haltbar gemacht in einem Chemiebad aus Äther und Kerosin, eingeflogen in die USA von Piloten, die die Regierung angeheuert hat, um die Contras zu finanzieren, erreicht das Kokain schließlich Chocolate City und vernichtet, in kristallines Crack umgewandelt, schwarzes Leben. Von der Bundesregierung vergessen, von der Landesregierung stigmatisiert, von den Kommunen beiseite gestossen, ignoriert oder ausgebeutet, werden die Armen entweder als Problem wahrgenommen oder als Andersartige, Fremde aus der Gesellschaft ausgestoßen und ausgegrenzt - nur nicht als *Menschen* gesehen, die nicht einmal das zum Überleben absolut Notwendige haben. Genau diese in den amerikanischen Bantustans eingeschlossenen Armen sind es, die vom Crack in den Abgrund gerissen werden.

Zeitgleich mit dem Abtreten der „Just Say No"-Generation[78] von der politischen Bühne wurde ein neues hochwirksames Gift gleich tonnenweise in den verarmten Gegenden der Stadt verteilt, das aus Gefälligkeit gegenüber dem intriganten Ablenkungsmanöver der Iran-Contra-Fonds in diese Regionen gebracht wurde, gesteuert von dem großen amerikanischen Helden, dem ehrbaren Ollie North (bekannt als die CIA-Operation Black Eagle). Warum sollte eine Regierung das Risiko eingehen, Kokain ins Land zu bringen (dieselbe Regierung, die für die „Just Say No" - Kampagne wirbt), wenn nicht, um es zu verkaufen, um Profit daraus zu schlagen, es in Bares zu verwandeln? Wäre es darum gegangen, es zu vernichten, hätte das problemlos außerhalb der USA geschehen können. Es wurde nicht vernichtet. Ich vermute, dahinter steckt eine Absicht. In der jüngsten Vergangenheit, nämlich in den radikalen Sechzigern, wurden die schwarzen Viertel überschwemmt mit Pillen, Marihuana und reinem Heroin. Radikale Linke hatten damals den Verdacht, Big Brother öffne eigenhändig die Schleusentore für die Drogen, um das revolutionäre Feuer des schwarzen Widerstands in den Städten auszulöschen.

Auf ein befangenes Oberstes US-Bundesgericht, auf die wachsende Arbeitslosigkeit, auf eine Bundesregierung, die den Obdachlosen „freundlich“ und „höflich“ den Rücken kehrt, auf Polizeieinheiten, die wie die Green Berets[78a] marodierend in die Innenstädte einfallen, scheint afroamerikanischer Widerstand auch heute eine passende Antwort.

Also die Schleusentore wieder auf - diesmal für ein starkes, hirn- und seelezerfressendes Gift, neben dem nichts anderes mehr zählt. Selbst Mutterinstinkte sind nicht so stark wie der Flash, den Crack verspricht.

Für ein Plastikfläschchen Stoff werden Babys verkauft, verkaufen Mütter sich selbst.

Durch den Fluch des Kokains verkommen Wohnungen zu neuzeitlichen Höhlenbehausungen. Familien zerfallen, weil die Väter in den neu erbauten Gefängnissen landen und Mütter auf den Straßenstrich gehen, alles wegen der teuflischen Sucht nach dem süßen, tödlichen Gift.

In der Geschichte der USA hat es schon einmal so einen diabolischen Plan gegeben. Wieviele Communities und Stämme der Native „Americans“ sind durch das „Feuerwasser“ (Alkohol, Rum, etc.), das ihnen die Europäer schmackhaft gemacht haben, vernichtet und schließlich ausgelöscht worden?

Dies ist eine schlimme Zeit für die Afrikaner in den Vereinigten Staaten.

Werden wir überleben?

Juli 1989

Bucht der Skelette – Skeleton Bay

»Traue niemandem, dessen Wunsch zu strafen übermächtig ist.«
Friedrich Nietzsche

Im Jahr 1993 waren nach den Statistiken des U.S. Bureau of Justice in Kalifornien 119.951 Menschen inhaftiert (einschließlich derer, die bedingt aus der Haft entlassen wurden).[79] Bei der letzten Erhebung gab es in Kalifornien mehr als 28 Gefängnisse, für die jährlich über eine Milliarde US-Dollar ($1.000.000.000!) ausgegeben werden. Eine Milliarde! Dort steht das Gefängnis von Pelican Bay, der verrufene Aufenthaltsort von 3.700 Gefangenen, gelegen in einer einsamen ländlichen Gegend bei Crescent City. Wenn Pelican Bay schon die Hölle ist[80], dann muß man noch eine Etage tiefer gehen, um in die dortige Special Housing Unit (SHU), genannt SHOE, zu gelangen. Beinahe 1.300 Männer werden hier einem staatlichen Folter- und Terrorprogramm unterzogen. Selbst große Fernsehsender, wie beispielsweise CBS mit dem Magazin *60 Minutes*, haben deshalb über den Trakt berichtet.

Daß die Gefangenen sich die Mißhandlungen nicht widerstandslos gefallen lassen, beweist die vor einem Bundesgericht verhandelte Zivilklage, in der der Staat des „ungesetzlichen" Handelns beschuldigt wird. „Das Gesetz endet an den Toren von Pelican Bay", sagte die Anwältin Susan Creighton dem Gericht in ihrem Eröffnungsplädoyer Ende September in San Francisco. In der SHU werden Gefangene von den Beamten geschlagen, ihnen werden Verbrennungen beigebracht, und sie werden einer Isolationshaft unterzogen. Die Männer verbringen täglich zweiundzwanzigeinhalb Stunden in fensterlosen, zweieinhalb mal drei Meter großen Zellen, ohne Kontakt zu anderen und ohne Zugang zu Bildungsangeboten.

Ein psychologischer Gutachter der Verteidigung, Dr. Craig Haney, stellte „chronische Depressionen, Halluzinationen und Geistesstörungen" fest, wie sie in diesem Ausmaß in keinem anderen Gefängnis der Vereinigten Staaten zu finden sind. Haney sagte aus, die Symptome seien nur mit Befunden aus einem psychiatrischen Gefängnis in der ehemaligen DDR vergleichbar, das für Folter und Einzelhaft bekannt sei. Tatsächlich sind die Haftbedingungen so extrem, daß selbst ein ehemaliger Anstaltsleiter des verschrienen Gefängnisses von Marion in Illinois offen Kritik an Pelican Bay übte, als ruchbar wurde, daß eine ganze Reihe offiziell registrierter Körperverletzungs- und Todesfälle unmittelbar auf das routinemäßige Anwenden exzessiver Gewalt durch Schließer zurückzuführen war.

Charles E. Fenton, früherer Anstaltsleiter des Marion Federal Penitentiary, sagte als Zeuge in diesem Verfahren aus, daß „anscheinend die Einstellung vorherrscht, ... es sei rechtens, daß das Personal auf Insassen schießt" *(San Francisco Chronicle*, 29. September 1993).

„Entweder wissen sie nicht im geringsten, was sie tun, oder sie handeln mit dem Vorsatz, jemandem Schmerzen zuzufügen", erklärte Fenton.

Das Marion Federal Penitentiary, als Ableger von Alcatraz bekannt, ist von amnesty international wegen Verletzung grundlegender Menschenrechte verurteilt worden. Pelican Bay (von Gefangenen Skeleton Bay genannt) hat als Ableger von Marion ein solches Niveau von Unmenschlichkeit erreicht, daß selbst dem ehemaligen Anstaltsleiter von Marion angesichts dieser schrecklichen Nachkommenschaft vor Schock der Atem stockt. Werden wir in fünf Jahren über den Ableger von Pelican Bay stöhnen?

Wenn wir heute nicht laut werden wegen *sämtlicher* faschistoider Sicherheitsgefängnisse wie Pelican Bay, der pennsylvanischen SMU, dem Shawnee-Trakt von Marianna in Florida und dem Staatsgefängnis von Colorado, wird morgen vielleicht niemand mehr laut werden können.

Von den Gerichten ist keine Lösung des Problems zu erwarten, sondern nur von wachsamen, bewußten Menschen.

Oktober 1993

Kein Gesetz, keine Rechte

Im November 1989 wurden in Philadelphia sieben ehemalige Schließer des Graterford Prison vor ein Bundesgericht gestellt. Sie wurden beschuldigt, die Bürgerrechte einer Reihe von Gefangenen verletzt zu haben, indem sie die an Händen und Füßen mit Handschellen Gefesselten heftig geschlagen hätten. Dieser Prozeß erhellt schlaglichtartig, daß es in Gefängnissen kein Gesetz gibt und keine Rechte.

Fünf der Schließer legten Schuldbekenntnisse ab und sagten als Belastungszeugen aus, sie hätten mit ihren Kollegen Gefangene, die sich keinerlei Verstöße gegen die Gefängnisordnung hatten zu Schulden kommen lassen, brutal geschlagen, getreten und niedergeknüppelt, auf ihnen herumgetrampelt und sie mit einem tragbaren Elektoschockgerät traktiert. Dennoch sprach ein Zivilgeschworenengericht die sieben im Februar 1993 faktisch in allen Anklagepunkten frei.

Einer der Geschworenen wurde mit dem Satz zitiert, daß zwar bewiesen sei, daß Gefangene brutal geschlagen worden wären, die Staatsanwaltschaft habe jedoch keinen Vorsatz nachweisen können. Einer der Gefangenen, AIDS-krank und deshalb kaum über die Widerstandskraft verfügend, die er gebraucht hätte, um sich von dem furchtbaren physischen und psychischen Trauma zu erholen, das er erlitten hatte, ist inzwischen verstorben.

In dem Monate dauernden Prozeß stellte sich heraus, daß die Schließer neunzehn Gefangene, die nach Graterford verlegt worden waren, kurz nachdem Meuterer und Rebellen die mittelpennsylvanische Anstalt Camp Hill in Schutt und Asche gelegt hatten, für Beteiligte des Aufruhrs gehalten hatten. Tatsächlich aber gehörten die neunzehn nicht zu den Rebellen. Sie waren einfach nur heilfroh gewesen, das, was Camp Hell genannt wird, hinter sich lassen zu können und in das größte und vorwiegend mit Schwarzen belegte Gefängnis im Bundesstaat verlegt zu werden: Graterford.

Sie kamen vom Regen in die Traufe.

Hinter den dicken Mauern von Graterford, die Erholung von dem physischen und psychischen Inferno in Camp Hill zu versprechen schienen, trafen die Männer auf uniformierten Haß und nackte Brutalität. Sie wurden von Beamten, die geschworen hatten, den „Frieden" in den Gefängnissen zu schützen, geschlagen, getreten und terrorisiert, von Schließern, die ein gutes Dutzend Menschen nur auf den bloßen Verdacht hin, es handle sich um Unruhestifter, mißhandelt. Einige wenige Opfer, die sich durch die tückischen Untiefen und Klippen eines Zivilprozesses hindurchzulavieren wußten, verklagten Beamte auf Schadenersatz. Andere leckten ihre Wunden, machten sich ganz klein und warteten ab, bis sie ihre Strafe abgesessen hatten und sie wieder „frei" sein konnten. Mehrere Gefangene sagten im Prozeß als Zeugen aus.

Einer starb. Doch sie alle erfuhren, wie brüchig das System, das ihnen die Freiheit genommen hatte, war, wenn der Staat ein Verbrechen an ihnen beging. Sie alle erfuhren, daß Begriffe wie *Gerechtigkeit*, *Gesetz*, *Bürgerrechte* und sogar *Verbrechen* dehnbar sind und unterschiedliche Bedeutung haben, immer abhängig davon, wessen Rechte verletzt werden, wer an wem welches Verbrechen begangen hat und ob man für oder gegen das System arbeitet.

Für die Menschen, denen das Etikett „Gefangener" an die Brust geheftet ist - nach neuesten Erhebungen fast eine Million -, gibt es kein Gesetz, keine Gerechtigkeit, keine Rechte.

Februar 1993

Zweimal ins Gras gebissen

In seiner letzten Sitzungsperiode fällte das Oberste Bundesgericht der USA gleich ein ganzes Bündel ungünstiger, repressiver Entscheidungen. Keine war jedoch obszöner als die in der Sache *Penry gegen Lynaugh*, in der das Gericht die Exekution von geistig zurückgebliebenen Menschen richterlich autorisierte. Der Rehnquistsche rechte Flügel, vertreten durch Richterin O'Connor, begründete seine Entscheidung damit, daß es „keinen nationalen Konsens" gegen die Todesstrafe bei geistig Retardierten gebe. Der Fall *Penry* ist eines der deutlichsten Beispiele für „Gerechtigkeit" durch „öffentliche Meinungsumfrage", auch als „nationaler Konsens" bekannt, der sich zur Zeit größter Beliebtheit bei den höchsten Berufungsinstanzen der USA erfreut.[81] Fatalerweise irrte die Richtermehrheit in diesem Fall.

Die Zahlen aus einer kürzlich im *National Law Journal/LEXIS* veröffentlichten, vom Institut Penn and Schoen Associates (New York) durchgeführten Umfrage zum Thema Kriminalität belegen, daß sich die überwältigende Mehrheit der US-Amerikaner, nämlich 69 Prozent, *gegen* die Todesstrafe bei geistig Zurückgebliebenen ausspricht *(NLJ*, 7. August 1989). Die Umfrage läßt zumindest in diesem Punkt den Schluß zu, daß die rechte Mehrheit des Bundesgerichts nicht mit der Mehrheit der amerikanischen Bevölkerung konform geht. Doch wenn es um Leben und Tod geht, sind Statistiken ohne Bedeutung.

Für Horace Dunkins Jr., der am 14. Juli 1989 kurz nach Mitternacht in Alabama auf dem elektrischen Stuhl festgeschnallt wurde, war sie völlig egal. Horace Dunkins war in seiner geistigen Entwicklung zurückgeblieben. Sein niedriger IQ entsprach genau der Prozentzahl der Amerikaner, die gegen seine legalisierte Ermordung waren - nämlich 69. Sollte die Lehrbuchdefinition von „retardiert" (verlangsamte oder begrenzte intellektuelle Fähigkeiten) hier überhaupt relevant sein, dann bezogen auf die Strafvollzugsbehörden von Alabama. Dunkins wurde elektrisch hingerichtet - zweifach. Um 00.08 Uhr legte der Henker den Hebel um und schickte einen Stromstoß durch seinen Körper. Die Ärzte stellten fest, daß Dunkins lebte, nur bewußtlos war. Es ist vielleicht besonders typisch, daß die „Besserungs"-Behörde von Alabama nicht in der Lage war, eine Exekution durchzuführen, ohne den ihrer Obhut anvertrauten Menschen zu foltern. Alabama tötete Dunkins legal und mit dem Segen der Vier-zu-Fünf-Mehrheit des Obersten US-Bundesgerichts.[82]

Eine von Dunkins´ Anwalt Stephen D. Ellis für den *Legal Intelligencer*[83], Philadelphia, geschriebene Artikelserie nennt Dunkins' Schicksal grundsätzlich ungerecht, den gesamten Fall einen Justizirrtum und berichtet detailliert über die alptraumhaften Einzelheiten der zweifachen Hinrichtung auf dem elektrischen Stuhl. Für die meisten US-Amerikaner ist eine Hinrichtung durch den elektrischen Stuhl etwas Mysteriöses, weil sie noch nie dabeiwaren. Sie ist ein Tabu, ein Akt, der im Dunkeln, weit weg von der tobenden Menge, vollzogen wird und im Verborgenen bleibt.

Vor einigen Jahrzehnten war ein angesehener Richter des Obersten Gerichtshofs von Pennsylvania bei einer Hinrichtung durch den elektrischen Stuhl zugegen und schrieb darüber:

> »Er machte Anstalten, sich in den Stuhl hineinzusetzen, gequält und unsicher, aber jetzt waren die Wärter schnell. Sie drückten ihn tief in den Sitz hinein und befestigten die Elektroden an Waden und Handgelenken. Dann zurrten sie einen breiten Gurt über seiner Brust fest und stülpten die mit dicken Drähten versehene Ledermaske über seinen Kopf. Sie verbarg sein ganzes Gesicht bis auf die Nasenspitze und die Lippen. Er biß sich auf die Zunge, weil er seine Lippen beruhigen wollte, das beste, was er gegen das panische Rasen von Kopf und Herz tun konnte, um sich zu beherrschen und aufrecht zu sitzen...[84]«

Dann kommt Richter Bok zum Kern seines Berichts:

> »Die Wärter traten zur Seite. Der Anstaltsleiter, der mit erhobenem Arm daneben gestanden hatte, senkte die Hand. Bis hierher waren nur eine Minute und siebenunddreißig Sekunden vergangen.

Ein tiefes Pfeifen, dann ein kurzes, laut schnappendes Geräusch, als würden riesige Zähne aufeinanderbeißen. Rogers Kopf flog in den Nacken, und sein Körper schnellte nach vorn gegen die Riemen, die ihn hielten. Beinahe gleichzeitig stieg Rauch von Kopf und linkem Handgelenk auf und wurde von dem Ventilator darüber angesaugt. Der Körper drückte sich mit aller Kraft gegen die Fesseln, die Lippen hörten zu zittern auf und wurden rot, dann langsam blau. Feuchtigkeit trat aus der Haut, und man konnte ein schmorendes Geräusch hören. Der Geruch von verbranntem Fleisch in der Luft wurde immer intensiver. Roger wurde gebraten.[85]

Nach ungefähr zwei Minuten wurde der Strom mit deutlich vernehmbarem Klacken abgeschaltet, und Roger sackte mit hängendem Kopf in seinen Sitz zurück. Niemand bewegte sich. Dann kam der zweite Stromstoß, wieder zuckte der Körper gegen die Riemen, die ihn zurückhielten, und Rauch stieg von ihm auf. Die sichtbaren Körperstellen waren puterrot.

Wieder wurde der Strom hörbar abgeschaltet, und diesmal ging der Arzt vor, um ihn abzuhorchen, kam aber mit einem Kopfschütteln wieder zurück. Offenbar klammerte sich Roger immer noch schwach an sein Leben.

Die dritte Stromladung durchfuhr ihn; und wieder Rauch und Geräusche wie Schmoren und Braten.

> Sein Fleisch schwoll um die Riemen herum an. Der Arzt hörte ihn sorgfältig ab und hob den Kopf. „Ich erkläre diesen Mann für tot", verkündete er und legte sein Stethoskop zusammen. Es waren sieben Minuten vergangen, seit Roger in den Stuhl gesetzt worden war.«
>
> Star Wormwood, 114-115

Dreißig Jahre nach Richter Boks grauenerregender Beschreibung dieser Dreifachexekution sind in Amerika „Fortschritte" zu sehen, im Schneckentempo, wie die qualvolle Doppelexekution von Horace Dunkins zeigt - einem geistig zurückgebliebenen Schwarzen aus Alabama. Während im Bundesstaat Georgia die Hinrichtung von retardierten Menschen gesetzlich nicht möglich ist, gibt es im Nachbarstaat Alabama, „dem Herzen des Dixie", kein solches Gesetz. So machte Alabama die vierte dort seit Wiedereinführung der Todesstrafe im Jahr 1976 stattfindende Hinrichtung zu einer Demonstration von Herzlosigkeit und beispielloser Inkompetenz. Selbst Befürworter der Todesstrafe müßten sich angesichts der Qualen, unter denen Horace Dunkins zweimal gebraten wurde, sagen: „Macht es richtig, verdammt, oder laßt es besser ganz bleiben!"

August 1989

Blackmun macht nicht mehr mit beim tödlichen Spiel

Harry A. Blackmun, dienstältester Richter des Obersten Bundesgerichts der USA, hat als Verfassungsrechtler zuletzt den Standpunkt vertreten, die Todesstrafe sei so, wie sie heute angewendet wird, verfassungswidrig.

Im Fall *Callins gegen Collins*[86] vertrat Blackmun eine von den übrigen Richtern abweichende Position, die er in einem ausführlichen Kommentar darlegte. Er kritisierte darin heftig die Richtermehrheit, weil sie „faktisch zugelassen hat", daß Todesstrafenprozesse „weder fair noch rational" durchgeführt werden könnten, und fügte hinzu: „Das Gericht zieht es vor, die gesamte Angelegenheit zu deregulieren und, so scheint es, substantielle verfassungsrechtliche Ansprüche durch bloße Ästhetik zu ersetzen..."

Mit offensichtlicher Bitterkeit kündigte Blackmun an: „Ab heute werde ich nicht mehr an der Todesmaschine herumpfuschen."

Die Gegenposition von Blackmun, in der er Präzedenzfälle aus dem Register der Todesstrafenurteile des Obersten Bundesgerichts noch einmal aufzählt, ist ein bedrückender Bericht über gerichtliche Restriktionen - angefangen beim Fall *Gregg gegen Georgia* von 1976[87], mit dem die Todesstrafe wiedereingeführt wurde, bis hin zu Fällen aus jüngerer Zeit wie beispielsweise *Herrera gegen Collins*[88], in dem das Gericht einem Mann, der seine Unschuld zu beweisen versuchte, die Anhörung verweigerte.

Wenn Verbitterung mitschwang, als Blackmun die eigenen Richterkollegen öffentlich anprangerte, dann klangen die Reaktionen auf ihn aus dem Todestrakt doch ebenso bitter:

„Warum gerade jetzt?" fragte einer.

„Was soll das denn heißen?" wollte ein anderer wissen.

Blackmuns Wandlung - vom Fall *Gregg gegen Georgia*, mit dem die Todesstrafe wiedereingeführt wurde, bis zu *Callins gegen Collins*, wo er die Todesstrafe mit einer einzigen Gegenstimme für verfassungswidrig erklärte - kommt für viele, die ein Schattendasein im Haus des Todes fristen, beinahe ein Vierteljahrhundert zu spät. Er hat sich erst dann grundsätzlich verweigert, weiter „an der Todesmaschine herumzupfuschen", nachdem sie schon getunt und auf Hochleistung frisiert ist, ihr alle Mucken ausgetrieben sind und ein Boxenteam bereitsteht, das dafür sorgt, das sie ins nächste Jahrhundert rasen kann.

Blackmuns entscheidende fünfte Stimme im Fall *Gregg* machte die Todesstrafe erst möglich und lieferte die Grundlage für eine ganze Serie von Urteilen wie die in den Fällen *McCleskey*, *Herrera*, *Sawyer*[89] und anderen, die er nun kritisiert - denn ohne das Urteil im Fall *Gregg* hätte es die anderen nicht gegeben. Darüber hinaus ist seine Gegenposition im Prozeß gegen Callins wegen ihrer leidenschaftlichen Argumentation zwar bemerkenswert, rechtlich gesehen jedoch völlig irrelevant. Sie wird nicht ein einziges Leben retten, nicht einmal das des Angeklagten Callins. Zumindest in der Frage der Todesstrafe übernimmt Blackmun die Rolle des früheren Richters Marshall, die des vereinzelten Dissidenten, des einsamen Rufers in der juristischen Wüste, den nur wenige hören und dem niemand folgt.

Hätte er sich Marshall angeschlossen, als der noch lebte, und Brennan, als der noch im Amt war, dann hätte eine Koalition für das Leben entstehen können, die genügend Ausstrahlungskraft besessen hätte, um zwei Unentschiedene in ihr Lager herüberzuziehen und so eine Mehrheit zustande zu bringen. Doch das ist nie geschehen und wird wohl auch nie geschehen, so deutete Blackmun jedenfalls in seiner Gegenposition im Fall *Callins* an. Er schrieb:

> »Vielleicht wird dieses Gericht eines Tages Verfahrensregeln oder wörtlich festgelegte Formeln entwickeln, die im Verfahrensablauf bei Kapitalverbrechen tatsächlich Konsistenz, Unparteilichkeit und Reliabilität gewährleisten. Ich bin nicht sehr optimistisch, daß dies eines Tages gelingen wird. Optimistischer bin ich, daß dieses Gericht doch einmal zu dem Schluß kommen wird, daß der Versuch, beim Vehängen [der Todesstrafe] jede Willkür auszu-

> schließen und gleichzeitig Unparteilichkeit zu bewahren, absolut zum Scheitern verurteilt ist, so daß man ihn aufgeben muß - und die Todesstrafe gleich mit. Vielleicht werde ich diesen Tag nicht mehr erleben, aber ich vertraue fest darauf, daß er schließlich kommen wird.«

Worauf so mancher im Todestrakt antwortet: „Wohl kaum allzu bald!“

März 1994

Geschworene von seinesgleichen?

»In der Strafverfolgung genießt der Angeklagte das Recht auf ein zügiges und öffentliches Gerichtsverfahren *vor unparteiischen Geschworenen* aus dem Staat oder dem Distrikt, in dem das Verbrechen begangen worden sein soll...«
Sechster Zusatzartikel der US-Verfassung

Ein Großteil der Propaganda, die die Medien rund um den Erdball verbreiten, erzählt vom Glanz der US-amerikanischen Demokratie - „freie" Wahlen, parlamentarische Regierung und schließlich Gerichtsverfahren vor Geschworenen. Die folgende Begebenheit wird sicher nicht gesendet.

William Henry Hance[90] wurde des Mordes an einer Prostituierten aus Georgia im Jahr 1978 für schuldig befunden und zum Tode verurteilt. Der Prozeß und selbst das spätere Wiederaufnahmeverfahren fand vor überwiegend weißen Geschworenen statt. Eine der Geschworenen, die einzige Schwarze, ließ eine schriftliche eidesstattliche Erklärung zu den Akten nehmen, sie habe der Todesstrafe nicht zugestimmt. Sie wurde darin von einer anderen, weißen Geschworenen unterstützt. Letztere schildert einen Prozeß, der eher nach Lynchjustiz aussah als nach einem gesetzlichen Verfahren.

Diese Geschworene, Pamela Lemay, legte in einer notariell beglaubigten, eidesstattlichen Erklärung nieder, sie habe gehört, wie eine andere weiße Geschworene erklärt habe: „Der Nigger hat zugegeben, daß er es war; dafür soll er braten." Bei unterschiedlichen Gelegenheiten im Hotel und bei Beratungen in Abwesenheit der schwarzen Geschworenen habe sie gehört, so Ms. Lemay weiter, daß andere weiße Geschworene Hance als „typischen Nigger" bezeichnet hätten und als „einen elenden Nigger mehr, dem keiner eine Träne nachweint". Während der Beratungen darüber, ob Hance hingerichtet oder zu einer lebenslangen Freiheitsstrafe verurteilt werden solle, bemerkte einer der Geschworenen, die Hinrichtung sei die beste Lösung, weil man auf diese Weise „einen Nigger weniger durchfüttern" müsse.

Das ist es, was man in Amerika wirklich unter „jury of peers" - Geschworenen von seinesgleichen - versteht.

Wie verhielt sich der Oberste Gerichtshof von Georgia zu dem Verfahren, wie das Landgericht von Georgia, das Oberste US-Bundesgericht oder das Amt für Bewährung und Straferlaß von Georgia?

Sie hatten absolut nichts zu beanstanden.

Am 31. April 1994 um 22 Uhr wurde William Henry Hance, ein geistig zurückgebliebener und geisteskranker Mann, im Auftrag der Regierung des Bundesstaates Georgia durch den elektrischen Stuhl hingerichtet - will sagen „legal gelyncht".

Der Bundesstaat Georgia hat sich den Leitspruch „Weisheit, Gerechtigkeit und maßvolles Handeln“ gegeben. Im Falle von William Henry Hance schienen alle drei Elemente völlig abhanden gekommen.

Als Stellungnahme zu einem nur wenige Stunden vor der Exekution eingereichten Dringlichkeitsantrag an das Oberste Bundesgericht formulierte Richter Blackmun als Minderheitsvotum im Fall Hance, selbst wenn er nicht „zu dem Schluß gelangt wäre, daß die Todesstrafe keinesfalls unparteiisch im Sinne unserer Verfassung verhängt werden kann, ... könnte ich ihre Verhängung in diesem Fall nicht mittragen“. Zitat Blackmun: „Es liegen ausreichende Beweise vor, daß William Henry Hance sowohl geistig zurückgeblieben als auch geisteskrank ist. Es besteht Grund zu der Annahme, daß das Verfahren und die Urteilsfindung durch rassische Befangenheit beeinflußt waren. Aus dem Kreis der Personen, die als Geschworene mit der Urteilsfindung betraut waren, ist eine hervorgetreten und hat erklärt, sie habe aufgrund seiner geistigen Behinderung nicht für die Todesstrafe gestimmt.“ Die Mehrheit des Obersten Bundesgerichts schloß sich dieser Argumentation nicht an. Am Ende haben die Gerichte und Behörden des Bundesstaats Georgia und der Vereinigten Staaten es mit dem anonym gebliebenen Geschworenen gehalten, der da meinte, Hance würde man am einfachsten los, wenn er tot sei, und das hieße außerdem, daß man dann „einen Nigger weniger durchfüttern“ müsse.

April 1994

Ein mörderischer Gutachter

Im Jahr 1987 wurde der achtundzwanzigjährige Friedhofsarbeiter aus West Virginia, Glen Dale Woodall, schuldig gesprochen, zwei Frauen heimtückisch und brutal entführt und vergewaltigt zu haben. Als ein Richter ihn für seine Straftaten zu zweimal lebenslänglich und zusätzlichen 325 Jahren Freiheitsentzug verurteilte, schien sein Schicksal besiegelt.

Die Beweislage war eindeutig: Der staatlich bestellte Gerichtsmediziner sagte aus, in den Körpern beider Opfer sei Samenflüssigkeit von Woodall nachweisbar gewesen. Gerichtsmediziner genießen, wie alle Gutachter, ein hohes Ansehen bei den amerikanischen Gerichten, denn sie gelten als absolut unparteiisch und nichts und niemandem als der Wissenschaft verpflichtet. In Woodalls Fall war es das Gutachten des Gerichtsmediziners Fred Zain, das ihn für den Rest seines Lebens in eine finstere Gefängniszelle brachte. Die Sache hatte nur einen Haken: Zain, seit über zehn Jahren forensischer Experte für die Staatspolizei von Westvirginia, hatte sich geirrt.

Nachdem Woodall fast fünf Jahre hinter Gittern verbracht hatte, startete sein Anwalt Lonnie Simmons einen neuen Versuch: Er ließ Spuren der Samenflüssigkeit nach der neuen DNA-Methode analysieren. Die Tests bewiesen eindeutig, daß es keine Übereinstimmung zwischen diesen Proben und den Samenzellen von Woodall gab. Woodall, zu zweimal lebenslänglich und 325 Jahren verurteilt, war unschuldig.

Der Oberste Gerichtshof von West Virginia ordnete eine Überprüfung von Untersuchungen des Forensikers auch in anderen Fällen an, kam zu dem bestürzenden Ergebnis, daß Zains Arbeit methodisch unzulänglich war und verfügte folgendes: „Alle zu welchem Zeitpunkt und in welchem Verfahren auch immer von Zain gelieferten mündlichen Zeugenaussagen oder schriftlichen Gutachten sind als untauglich, unsolide und nicht zulässig zu betrachten."

Dreizehn Jahre lang hatte Zain in Hunderten von Vergewaltigungs- und Mordverfahren in West Virginia als Experte Aussagen gemacht und später ähnlich in San Antonio in Texas agiert. Nach Schätzungen eines Anwalts war er dadurch an den Ermittlungen in über 4.500 Kriminalfällen in zwei Bundesstaaten beteiligt.

1990 wurde der Gelegenheitsarbeiter Jack Davis zu lebenslanger Gefängnishaft verurteilt, weil er im Jahre 1989 eine Frau aus Texas ermordet und verstümmelt haben sollte. Zain sagte im Prozeß gegen Davis aus, das Blut, das unter der Leiche des Opfers gefunden worden war, beweise die Anwesenheit des Angeklagten am Tatort. Davis' Anwalt Stanley Schneider wies nach, daß in Wirklichkeit keine einzige Untersuchung durchgeführt worden war. Nach den Aussagen von forensischen Spezialisten aus beiden Bundesstaaten schrieb Zain Berichte über Tests, die er nie gemacht hatte, bescheinigte positive Übereinstimmungen in Fällen, in denen sonst die Verdachtsmomente hätten ausgeräumt werden können, und stufte Untersuchungsergebnisse als „beweiskräftig“ ein, die keine Beweiskraft hatten. Seine Bemühungen, Polizisten und Staatsanwälten gefällig zu sein, brachten möglicherweise Tausende Unschuldige für Jahrhunderte in die Gefängnisse zweier Bundesstaaten, einige in die Todeszellen.

Während dieser Beitrag entsteht, ist der ehemalige Gerichtsmediziner in keinem der beiden Bundesstaaten auch nur einer einzigen Straftat angeklagt. Sein Anwalt Larry Souza lamentiert darüber, Zain sei „ruiniert. Er kann keine Anstellung mehr in seinem Beruf finden. Er ist zum einfachen Arbeiter degradiert worden. Nirgends kann er mehr unterkommen.“

Ich bin mir sicher, daß einige tausend Gefangene in West Virginia und Texas wüßten, wohin mit ihm.

Mai 1994

Betteln um den Tod

Der zum Tode verurteilte Michael Alan Durocher aus Florida richtete einen Brief an den Gouverneur und bettelte darin buchstäblich um seine Hinrichtung. Als Gouverneur Lawton Chiles das Todesurteil unterzeichnet hatte, sandte ihm Durocher ein Dankschreiben. Am 25. August 1993 um 7.15 Uhr wurde der Wunsch des dreiunddreißigjährigen Durocher schließlich erfüllt.

Der zum Tode verurteilte David Mason aus Kalifornien entließ die mit seiner Berufung beauftragten Anwälte und erklärte, er sei bereit für den Tod in der Gaskammer. Der Sechsunddreißigjährige übte wütende Kritik an der „Anwälteindustrie“, die, wie er es nannte, ihr Kapital aus dem Berufungsgeschäft mit Kapitalverbrechen schlägt. Obwohl Mason seine Entscheidung in allerletzter Minute doch wieder zurücknahm, wurde sein Fall zum Symbol für die offenbar wachsende Zahl der Hinrichtungskandidaten, die ihren eigenen Tod fordern, und machte darüber hinaus darauf aufmerksam, wie verschieden in dieser Sache die allgemeine Wahrnehmung und die Realität sind.

Von den ungefähr 2.700 Frauen und Männern in den Todestrakten der USA haben nämlich nur 26 selbst den Wunsch geäußert, hingerichtet zu werden, das sind weniger als ein Prozent. Die National Coalition to Abolish the Death Penalty, mit Sitz in Washington D. C., hat Datenmaterial zusammengetragen, das die Rassenzugehörigkeit derer aufschlüsselt, die sich für die Exekution entschieden hatten, und kam zu folgendem Ergebnis:

Rassenzugehörigkeit	Zahl	Prozentsatz der Häftlinge
Weiß	21	80,8
Schwarz	2	7,7
Latinos	2	7,7
Keine Angaben	1	3,8

Weiße machen weniger als einundfünfzig Prozent der Todessträflinge in den Vereinigten Staaten aus, stellen aber mehr als achtzig Prozent derer, die sich freiwillig für die Exekution melden. Warum?

Der Anteil der Afroamerikaner an der Gesamtzahl der Gefangenen in den Todeszellen macht in den Gefängnissen des Bundes knapp vierzig Prozent, in den Gefängnissen der Bundesstaaten sechsundvierzig Prozent aus.

Seit den rebellischen sechziger Jahren ist der Anteil von Schwarzen an der Gefängnispopulation ständig gestiegen, eine Tatsache, die der weiße Durchschnittsgefangene nur als beängstigende Bedrohung wahrnehmen kann. Für allzuviele Schwarze ist der Gang ins Gefängnis zum falschverstandenen Initiationsritus geworden, zu einem Zeichen des Mannseins im schlechtesten Sinne, zu einer finstren Erwartung.

Für Weiße dagegen, selbst für solche aus der Arbeiterklasse, ist das Gefängnis ein Symbol für extreme gesellschaftliche Ausgrenzung, das den Status eines von der Gesellschaft Verstoßenen unterstreicht. Schwarze haben, gemessen an der relativ jungen Phase ihrer widerwilligen Akzeptanz durch die Gesellschaft, eine längere Geschichte, in der sie ausgegrenzt wurden. Sie sind als Unterdrückte sozialisiert, und das Gefängnis war nur eine schlimme Erfahrung mehr in einem harten Leben.

Was beide Gruppen unterschiedslos miteinander teilen, während sie den Tod erwarten, ist das unnachgiebige Regime von Einschluß, Einsamkeit, Isolation und Hoffnungslosigkeit, das seinen furchtbaren Tribut fordert - psychisch, geistig und familiär. Die Flucht in den Tod ist oftmals die Flucht vor den zerstörerischen Haftbedingungen im Todestrakt.

September 1993

Disqualifiziert

Die neueste politische Welle, die die Nation mit sich reißt, ist der Wahnsinn des „Three strikes, you're out".[91] Wenn sich nicht in letzter Minute noch etwas tut, wird dies in den Vereinigten Staaten zum Gesetz werden und damit in einem Bundesstaat nach dem anderen Tür und Tor für eine noch nie dagewesene Hochkonjunktur im Gefängnisneubau öffnen. Was die meisten Politiker wissen, wissen die meisten Bürgerinnen und Bürger eben nicht, nämlich, daß die „Three strikes, you're out" - Methode die Kriminalität nicht beseitigen und den Traum von der öffentlichen Sicherheit nicht wahrmachen wird.

Die Politiker wissen auch, daß Jahre ins Land gehen werden, bis Zahltag ist, und der wird ein echter Hammer. Doch bis dahin, so rechnen sie sich aus, sind sie längst nicht mehr im Amt, und es werden sich andere mit dem Problem herumschlagen müssen. Denn wie sich „Three strikes" tatsächlich auswirken wird, wird erst in zehn oder zwanzig Jahren spürbar sein. Das ist nämlich die Zeitspanne, die jemand, der heute verhaftet würde, nach den jetzt gültigen Gesetzen ohnehin absitzen müßte, und erst danach würden die zusätzlichen Jahre draufgeschlagen - von den zusätzlichen

Kosten ganz zu schweigen. Es scheint fast überflüssig anzuführen, daß bereits vierunddreißig Bundesstaaten über Gesetze für Gewohnheitstäter verfügen (also solche mit einer sogenannten kriminellen Karriere); diese Gesetze verlangen Zusatzstrafen, neben der eigentlichen Strafe, schon bei der zweiten, nicht erst der dritten schweren Straftat. Wie bei jedem Gesetz werden die Steuerzahler die Zeche zahlen müssen. Die Bürgerinnen und Bürger von Pennsylvania finanzieren ihre Gefängnisse in diesem Haushaltsjahr mit über 600 Millionen Dollar, die Kalifornier mit über 2,7 Milliarden, und ab dem kommenden Jahr wird dieser Etat voraussichtlich den für die Hochschulbildung erstmals übersteigen.

Die ohnehin astronomischen Kosten werden dadurch noch potenziert, daß die Zahl der Gefangenen im Alter über 50 und 60 Jahren zunimmt und die Gefängnisse allmählich zu Altenpflegeheimen werden, also zusätzliche Kosten für die Gesundheitsversorgung zu erwarten sind. Denn Gefangene haben - im Gegensatz zu vielen US-Amerikanern, wahrscheinlich um die siebenunddreißig Millionen - einen Anspruch auf medizinische Versorgung, wenn sie auch von zweifelhafter Qualität ist.

Es ist tatsächlich immer wieder erstaunlich, wie Politiker ihre „Wir-müssen-härter-durchgreifen" - Parolen in einem Land verkaufen, das ohnehin der größte Kerkermeister der Welt ist, und noch erstaunlicher ist es, daß die Menschen sie ihnen abkaufen. Ein Bundesstaat hat bereits in den Siebzigern die harte Gangart eingeschlagen: Kalifornien wurde

1977 mit dem rigorosen Gesetz über das „festgesetzte Strafmaß“[92] zum „Vorreiter“ der Nation - die Gesamtzahl der Gefangenen steigerte sich um 500 Prozent von 22.486 im Jahr 1973 auf 119.000 im Jahr 1993, und Kalifornien kann heute das größte Gefängnissystem der westlichen Welt stolz sein eigen nennen, das noch um die Hälfte größer ist als das gesamte Bundesgefängnissystem der USA. Fühlen sich die Kalifornier, die zur Abstimmung über die „three strikes“-Gesetzesinitiative zu den Wahlurnen drängen, nun sicherer?

Wer als zynischer Geist das Gefängnisboomgesetz aus der Perspektive wirtschaftlicher Interessen betrachtet, könnte auf den Gedanken kommen, daß Teile der Gefängnisindustrie - Baufirmen, Gewerkschaften der Vollzugsbeamten und andere - die Entwicklung im eigenen Interesse beschleunigen, zumindest teilweise.

Die gesamte Ökonomie ist ein weiterer Faktor, der eine Rolle spielt. Die USA treten ins postindustrielle Zeitalter ein: Japan produziert Computerchips für die ganze Welt, Deutschland Autos der Spitzenklasse und die USA produzieren... Gefängnisse. Gefängnisse entstehen in den Vereinigten Staaten da, wo Arbeitsbeschaffungsmaßnahmen, Wohnungsbauprogramme und Sozialprogramme im Nichts versickern, da, wo die als disqualifiziert vom Spielfeld Geschickten ausgebeutet und benutzt werden können, um das Spiel in Gang zu halten.

März 1994

Ein krimineller Gesetzentwurf

Der Entwurf des sogenannten *Crime Bill*[93], dieser profane politische Lückenbüßer, ist mittlerweile verabschiedet. Nach einer von Präsident Clinton eingebrachten Vorlage wurde aus über sechzig Bestimmungen zur Todesstrafe, einer „three strikes“-Regelung für Wiederholungstäter und Milliarden Dollar für Polizei und Gefängnisse ein Gesetzespaket geschnürt, das so drakonisch ist, daß weder Bush noch Reagan es hätten durchsetzen können. Im Kern besteht der Gesetzentwurf aus einem mehr als 30 Milliarden teuren Arbeitsbeschaffungsprogramm für vorwiegend weiße Beschäftigte, ein Sozialprogramm - wenn es überhaupt so etwas gibt -, das die sich ändernde sozialpolitische und wirtschaftliche Realität in den USA widerspiegelt.

Der Kampf um die Verabschiedung des Gesetzes war so ungeschminkt politisch, daß er sich am Ende auf die falsche Formel „Schieberei“ gegen „Durchgreifen“ reduzierte. Die Republikaner attackierten den Gesetzentwurf als „Schieberei von Steuergeldern“, die Demokraten priesen ihn als „hartes Durchgreifen gegen das Verbrechen“ an. Dabei waren beide Seiten eigentlich nur auf Stimmenfang für die Wahlen im Herbst aus.

Es ist wohl reiner Betrug, wenn in einem Land nach neuen Gefängnissen geschrien wird, das in der Frage der Inhaftierung seiner eigenen Bürgerinnen und Bürger weltweit eine Spitzenposition einnimmt. Die von der New Yorker Mollen-Untersuchungskommission aufgedeckten Übergriffe krimineller Polizeibeamter zeigen, daß die Gleichung „mehr Polizisten = weniger Verbrechen" nicht nur platt, sondern auch falsch ist. Sie ist der Gipfel des Betrugs.

Das *Crime Bill* verbietet Bildungsangebote für Gefangene, denn es verweigert die staatliche Förderung von Collegekursen, wie man der folgenden Bestimmung entnehmen kann:

> »Abschnitt 20411. *Verbot der Gewährung von Pell-Stipendien an Gefangene.*
> (a) *Allgemeines.* - Abschnitt 401(b)(8) des Hochschulgesetzes von 1965 (20 U.S.C. 1070.a(b)(8)) wird wie folgt abgeändert:
> (8) Basisstipendien nach diesem Absatz sollen nicht an Personen vergeben werden, die in einer staatlichen oder bundesstaatlichen Strafanstalt inhaftiert sind.«

Wie Mitglieder des Kongresses guten Glaubens vertreten können, daß Unwissenheit Kriminalität bekämpft oder die Gesellschaft schützt, ist nicht nachvollziehbar. Denn eigentlich, so könnte man es formulieren, ist Unwissenheit die Wurzel allen Verbrechens.

Doch das ideologische Geschwätz des *Crime Bill*, das seine eigentliche Substanz ausmacht und als Garant für die

Wiederwahl gesehen wird, wird den US-Amerikanern noch in den nächsten Generationen schwer zu schaffen machen. Es wird den Bankrott der öffentlichen Hand beschleunigen, es wird zu mehr Gewalt führen, es wird Gefangene produzieren, die dümmer sind, entfremdeter sind, aber noch verzweifelter den Kampf um ihr Überleben führen werden.

Man stelle sich folgende Situation vor: Ein Zombie auf Entzug, der dich ausrauben will, kalkuliert, was es einbringt, deine Sachen zu klauen, und stellt die vier bis acht Jahre Gefängnis dagegen, die er kriegt, wenn er geschnappt wird. Setzt du das, was du besitzt, einmal in Relation zu einer lebenslänglichen Strafe ohne Bewährung, dann sinkt der Wert, den dein Leben dann noch hat, nicht der deines Besitzes.

Diese sekundenschnelle Rechnung mit tödlichem Ergebnis wird vom Atlantik bis zum Pazifik stündlich in den Städten aufgemacht, und durch das sogenannte *Crime Bill* wird der Preis höher - und du zahlst.

September 1994

Teil drei

Gedanken, Erinnerungen und Zukunftsvisionen

Gedanken zu Malcolm

Dank der Arbeit des führenden Filmemachers Spike Lee ist der Name Malcolm X wieder in aller Munde. Sein Film basiert weitgehend auf der *Autobiography of Malcolm X*, aufgeschrieben von dem inzwischen verstorbenen Alex Haley, und erzählt in epischer Breite die Geschichte einer überragenden Persönlichkeit.[94]

Dies hier ist keine Filmkritik und kann es auch nicht sein, denn aus bekanntem Grunde hatte ich nie Gelegenheit, den Film zu sehen. Es sind vielmehr Gedanken über ein Leben, das beiden, Haley und Spike, den Stoff für ihre Arbeit lieferte.

Nur wenige Schwarze lebten ein so ruhmreiches und tragisches Leben wie Malcolm - zu nennen wären Martin Luther King Jr., weniger ausgeprägt auch Marcus Garvey und der verstorbene Mitbegründer der Black Panthers Dr. Huey P. Newton. Wie King und Newton wurde auch Malcolm X ermordet, doch damit hören die Parallelen wahrscheinlich schon auf. Denn so sehr die amerikanische Gesellschaft King zum Aushängeschild machte, ihn feierte und zum Helden hochstilisierte (mehr wegen seiner Philosophie der Gewaltlosigkeit als wegen seiner Person), so sehr ignorierte und diffamierte sie Malcolm (wie auch Dr. Newton, der wie die meisten Panthers Malcolm-Anhänger war). Nachrufe auf ihn zeichnen ein Bild des Bösen und verschweigen die Ausstrahlung, die sein Leben hatte und die noch dreißig Jahre nach seiner Ermordung in New York die Herzen der Schwarzen zum Glühen bringt.

Das System benutzte die zentralen Themen der Gewaltfreiheit von Martin Luther King und entwickelte daraus eine Strategie mit dem Ziel, die eigenen Interessen zu schützen. Man stelle sich das vor: Die gewalttätigste Nation der Erde, die das Erbe aus dem Völkermord an Indianern und Afrikanern angetreten hat, die *einzige* Nation, die jemals eine Atombombe auf eine Zivilbevölkerung warf, der größte internationale Waffenhändler, das Land, das in Vietnam über zehn Millionen Menschen mit Napalm bombardierte (um sie vor dem Kommunismus zu „retten"), der Welt größter Kerkermeister baut sich neben dem Leichnam von King auf und ruft lauthals nach Gewaltfreiheit!

Die Mitglieder der Black Panther Party betrachteten sich als Söhne von Malcolm (zumindest viele männliche Panthers sahen sich so), als die Söhne, die er nie gehabt hatte (Malcolm und seine Frau, Dr. Betty Shabazz, hatten zusammen mehrere phänomenale Töchter). Eines ihrer zentralen Prinzipien - das Recht auf Selbstverteidigung der Schwarzen - übernahmen sie als Erbe aus seinen Lehren. Die eloquente, ausgefeilte Redekunst Dr. Kings berührte, bewegte und motivierte die Kirche des schwarzen Südens, die Mittel- und Oberschichten und die weiße liberale, überwiegend jüdische Intelligenz, doch bei der schwarzen Arbeiterklasse und im urbanen Norden kam seine Botschaft nicht an. Dieser Tatsache war sich Kings intelligenter, treu ergebener Adjutant Reverend Ralph Abernathy durchaus bewußt. In seiner Autobiographie notierte er, in Chicago sei King auf eisigen Haß bei den Weißen und Gleichgültigkeit bei den Schwarzen gestoßen und habe beinahe ein völliges Desaster erlebt.

Statt auch die andere Wange noch hinzuhalten, gaben die Schwarzen aus dem Norden einer stärker provozierenden, konfrontativen und militanten Botschaft den Vorzug, und Malcolm X verkündete sie in klaren, kompromißlosen Worten. Unter dem Eindruck des offensichtlich unchristlichen Verhaltens, das Amerika der schwarzen, braunen, roten und gelben Welt gegenüber präsentierte, klang seine Botschaft von der schwarzen Selbstverteidigung und dem afroamerikanischen Selbstbestimmungsrecht für Muslime wie Nichtmuslime gleichermaßen logisch und vernünftig.

Wie von Malcolm vorausgesagt, versuchten die Medien später, seine Botschaft zu glätten, weiß einzufärben und zu verfälschen. Viele haben in einem kürzlich erschienenen Zeitungsbericht über ihn als Führer der „Bürgerrechtsbewegung" gelesen - eine Bezeichnung, die er völlig ablehnte! Es kursieren Geschichten über seine „weichere" Linie gegenüber Weißen nach seinem Mekka-Aufenthalt, die geflissentlich darüber schweigen, daß Malcolm auch danach über die weißen *Amerikaner* schimpfte, denn noch immer war er in einem rassistischen *System* gefangen, das schwarzes Leben zerstört - *bis heute*! Der Mekka-Reisende Malik[95] fand unter hellhäutigen Arabern und zum Islam übergetretenen Europäern ein Gefühl der Einigkeit, das ihm bei den Amerikanern fehlte. Die weißen Amerikaner hatten sich hinter ihrem Rassismus verschanzt, doch Malcolm/Malik spürte dahinter die eigentliche Differenz im Selbstbild der beiden Völker: Wenn sich Araber als Weiße bezeichneten, bezogen sie sich nur auf die Farbe ihrer Haut; Amerikaner meinten damit jedoch etwas völlig anderes. Und also donnerte Malcolm: „Wenn er [der weiße Amerikaner] nämlich sagt, 'Ich bin weiß', dann meint er damit, 'Ich bin der *Boß!*'"

Malcolm und der aus Mekka zurückgekehrte Mann namens Hajji Malik Shabazz geißelten beide den amerikanischen Rassismus, sahen ihn als ein Verbrechen gegen die Menschheit und den Gott, der sie erschaffen hatte. Er stand - und starb - für das *Menschen*recht auf Selbstverteidigung und das Selbstbestimmungsrecht der Völker, nicht für „Bürgerrechte", die sich, wie das Oberste Bundesgericht zeigt, von Tag zu Tag, von Fall zu Fall, von Regierung zu Regierung ändern.

Dezember 1992

Ein tödliches Déjà-vu

Nach einundfünfzig Tagen bemerkenswerten religiösen Widerstands eliminierte die US-Regierung in der Nähe von Waco in Texas über achtzig Mitglieder der Davidianer-Sekte, einem Ableger der Adventisten vom Siebenten Tag. Nach einem stümperhaft durchgeführten bewaffneten Angriff durch eine ATF-Polizeieinheit[96], bei dem vier Beamte und eine unbekannte Anzahl von Davidianern in einem kurzen, aber heftigen Schußwechsel ums Leben gekommen waren, waren die Sektenmitglieder in ihrem Hauptsitz in Mount Carmel eingeschlossen worden. Während der gesamten einundfünfzig Tage dauernden Belagerung unternahm die Regierung täglich neue Anstrengungen, den Sektenführer David Koresh in der Öffentlichkeit als Pädophilen, falschen Propheten und Psychopathen zu dämonisieren.

Nach einundfünfzig Tagen der Belagerung ohne Feindberührung und ohne „Fortschritte" (im Sinne von Kapitulation) hatte das Ego der Polizeibeamten vor Ort Schaden genommen, und die Regierung versuchte es mit einer neuen Taktik. In einer riskanten Aktion wurde die Fassade des Gebäudes zwecks „Einleitung von CS/Tränengas" durchstossen und, nachdem sich das Reizgas gut verteilt hatte, offensichtlich eine Feuersbrunst verursacht, in der mehr als achtzig Männer, Frauen und Kleinkinder im Haus verbrannten. Das Feuer schwelte noch, als das Weiße Haus in einer Presseerklärung verlautbaren ließ, als Todesursache der über achtzig Opfer sei von Selbstmord auszugehen - ohne daß auch nur eine einzige Untersuchung durchgeführt worden war!

Ein altes chinesisches Sprichwort besagt: „Wer eine Sache nicht untersucht hat, der hat kein Recht mitzureden.“[97] Unter dieser Maxime wäre das Weiße Haus besser bis zum Abschluß einer vollständigen, fairen und nichtparteiischen Untersuchung nicht an die Öffentlichkeit getreten.

Daß die Mitglieder der Davidianer-Sekte sich selbst getötet hätten, wurde ohnedies nur von einer einzigen Quelle lanciert, dem FBI selbst, und das kann wohl kaum als unparteiisch gelten. Das Feuer im texanischen Waco, das das Leben von schätzungsweise 86 Menschen auslöschte, ruft furchtbare Erinnerungen an den ersten Fall dieser Art wach, den Bombenabwurf der Polizei auf Mitglieder der MOVE-Organisation am 13. Mai 1985 in Philadelphia. Beiden Blutbädern gingen Hetzkampagnen von der Regierung und den Medien voraus, die die Belagerten als Verrückte präsentierten, weil sie es wagten, Widerstand gegen den Staat zu leisten. Im Gegensatz dazu wird die Regierung (sprich die Polizei) immer als vernünftig dargestellt. In Philadelphia, wo der Kontrast aufgrund von Rasse, Klasse und Politik noch schärfer war, wurde der vorsätzliche Massenmord an den Männern, Frauen und Kindern von MOVE von der Regierung gerechtfertigt:

Bei MOVE, so das Argument, handle es sich um „Terroristen“ - miese Nigger.

Die Koreshianer wiederum waren „Fanatiker“, die im Verdacht standen, Kinder körperlich und sexuell zu mißbrauchen; sie durften, psychologisch gesehen, einer militärischen Aktion also ruhig zum Opfer fallen. Erst wenn solche gesellschaftlichen Gleichungen aufgestellt werden, kann der Staat Bomben werfen (wie im Fall von MOVE) oder Löcher in die Häuser von Menschen stemmen (wie in Waco) und gleichzeitig in den Medien als „vernünftig“ gelten. Es war abzusehen, daß die Regierung in beiden Fällen Stunden (oder Minuten) nach den Angriffen die Opfer als „Selbstmordopfer“ definieren und sich so aus der Affäre ziehen würde.

Die ATF-Attacke auf Mount Carmel begann angeblich wegen eines geringfügigen Verstoßes gegen das Waffengesetz und gipfelte in einem Inferno, daß Beamtencharaktere angerichtet hatten, die das Haus der Koreshianer mit Panzern belagerten und mit Tonnen von Kampfgas eindeckten, ein unglaublich anmaßendes und unfaßbares Vorgehen einer Regierung. Flammen und Blutbad von Philadelphia und Waco haben gemein, daß in beiden Fällen eine Regierung der Brandstifter ist, die die Menschen eher beherrschen als ihnen dienen will.

April 1993

Rodney war nicht der einzige

Die Bilder von dem brutalen Übergriff der Polizei auf den schwarzen Autofahrer Rodney King wurden vom Fernsehen in alle Welt ausgestrahlt. Darin, wie weiße Polizisten mit schwarzen Zivilisten in den nächtlichen Straßen Amerikas umspringen, enthüllte sich für Millionen die häßliche Schattenseite einer Gesellschaft. Viele derer, die sich vor die Polizei stellten, verharmlosten das Video als Ausnahme von der Regel. Sie rechtfertigten den Übergriff damit, daß von diesem speziellen „Angeklagten" Drohgebärden ausgegangen seien (eine Variante der sogenannten „big nigga"-Verteidigungslinie[98]).

Mindestens eine seriöse Studie belegt indes, daß der brutale Zusammenstoß von Rodney King mit Beamten des Los Angeles Police Department nur einer von vielen im ganzen Land ist. Die Studie zeichnet ein lebhaftes Bild, das ein Grundmuster von gewalttätigen Übergriffen von weißen Polizisten auf ethnische Minderheiten sichtbar macht. Über einen Zeitraum von zwei Jahren wurden regionale und überregionale Zeitungen ausgewertet. Als Ergebnis der Studie wurde festgehalten, daß „das Zusammenschlagen von Rodney

King kein Einzelfall ist", so der Leiter Joseph Feagin, Professor der Soziologie an der University of Florida.

Feagin und seine Kollegin Kim Lersch, ebenfalls von der University of Florida, erfaßten mit Hilfe des Computersystems NEXUS Veröffentlichungen zwischen Januar 1990 und Mai 1992 und stießen auf 130 Zeitungsberichte über polizeiliche Übergriffe. Längst nicht alle Vorfälle werden gemeldet und über noch weniger wird anschließend überhaupt berichtet. Wenn man von der Dunkelziffer absieht, bleiben im Untersuchungszeitraum vier Vorfälle pro Monat, also einer pro Woche. In 97 Prozent der Fälle, so die Feagin-Studie, waren Afroamerikaner oder Latinos die Opfer der Mißhandlungen, in 93 Prozent der Fälle waren weiße Polizisten maßgeblich an den Taten beteiligt.

„Wir haben festgestellt", so Kim Lersch, „daß bei den typischen Fällen eine Gruppe weißer Polizeibeamter involviert ist, die einen Schwarzen oder Latino angreift." (*In These Times*, 3. Mai 1993). Die Erhebung ließe in allen Bundesstaaten ein Grundmuster erkennen, für das der Begriff „Routine" am zutreffendsten sei. Die beiden Wissenschaftler hatten vor, ihre Untersuchungsergebnisse mit den Daten einer, wie sie glaubten, zuverlässigen Quelle abzugleichen, nämlich mit denen des US-Justizministeriums.

Im März 1991, als das Video mit der brutalen King-Prügelszene internationale Empörung auslöste, gab der damalige Justizminister Richard Thornburgh in seinem Ministerium eine Studie in Auftrag, die einen Überblick über entsprechende Vorgänge in den zurückliegenden sechs Jahren verschaffen sollte. Obwohl sie seit über einem Jahr fertiggestellt ist, ist sie bis heute nicht für die Öffentlichkeit freigegeben, nicht einmal für die beiden Wissenschaftler der University of Florida.

Die im ganzen Land ausgestrahlte Fernsehsendung *Justice Files* brachte kürzlich einen erstaunlichen Bericht; dieser enthüllte, daß für den Zehnjahreszeitraum zwischen 1981 und 1991 über *79.000 Fälle* von Polizeigewalt in den gesamten Vereinigten Staaten dokumentiert seien. Wenn diese Zahlen stimmen, dann finden mehr als 7.900 Polizeiübergriffe pro Jahr in den USA statt. Polizisten vergreifen sich demnach durchschnittlich 658 mal im Monat an Zivilisten, also 164 mal pro Woche!

Die Polizei, ein Instrument der weißen kapitalistischen Staatsmacht, ist eine Kraft, die in den Communities keinen Frieden herstellt, sondern Chaos produziert. Auf ihr Konto gehen mehr Verbrechen, mehr Zerstörung, mehr Diebstahl, Tod und Unfrieden als auf das jeder anderen kriminellen Vereinigung im Lande.

Wegen der Polizei-Gangs in den USA sind Revolten unvermeidlich. Die Schuld dafür liegt bei denen, die sich „Friedensbeamte" nennen, aber die Menschen mißhandeln, in deren Dienst sie sich laut Eid gestellt haben.

Mai 1993

Gesetzlosigkeit in L. A.

Die Orgien von Haß und Rebellion, die vor einem Jahr als Antwort auf die Freisprüche für die vier Polizisten aus Los Angeles im ersten Prozeß wegen des brutalen Überfalls auf Rodney King die Stadt erschüttert haben, haben den darauf folgenden zweiten Prozeß vor einem Bundesgericht überhaupt erst erzwungen. Er endete mit einem Kompromiß der Geschworenen - zwei Schuldsprüche, zwei Freisprüche. Einige mag es entmutigen, daß zwei der Beamten freigesprochen wurden, die King mißhandelt, ihn verletzt und zusammengeschlagen haben, doch der Prozeß wirft einige wichtige und beunruhigende Fragen auf. Obwohl ich sicher nicht als Polizistenfreund gelte, bin ich der festen Überzeugung, daß die bundesgerichtliche Wiederaufnahme des Verfahrens gegen die vier beteiligten Polizisten aus L.A. einen eindeutigen Verstoß gegen den Fünften Zusatzartikel der US-Verfassung darstellt. Dieser Artikel verbietet es, daß jemand sich zweimal vor Gericht für dasselbe Vergehen verantworten muß. Dort heißt es (auszugsweise), „...noch darf jemand wegen desselben Vergehens zweimal vor einem Strafgericht der Gefahr der Bestrafung an Leib und Leben ausgesetzt werden..."

Für Millionen Afroamerikaner, Chicanos und viele weiße Amerikaner in den USA waren die Freisprüche der „Vier von Los Angeles" vor dem Amtsgericht von Simi Valley ein Skandal, der von neuem bestätigte, daß es für Schwarze in den Gerichten dieses Systems keine Gerechtigkeit geben kann. Zwar war das nicht die eigentliche Ursache für den Aufstand, doch psychologisch gesehen war es sicherlich der allerletzte Tropfen, der das Faß zum Überlaufen brachte.

Der „Prozeß" von Simi Valley war genauso wie das brutale Vorgehen gegen King einerseits Skandal, andererseits Alltag, denn rein weiße polizeifreundliche Geschworenenjurys und staatlich sanktionierte Gewalt sind denen nicht unbekannt, die in den Abgründen der US-amerikanischen Gesellschaft leben, statt bloß darüber zu lesen. Das eigentlich Entscheidende ist, daß der Bundesgerichtsprozeß *L.A. Police Department gegen King,* in dem es um die Bürgerrechte ging, ein *politischer* Prozeß war, der allein wegen der Empörung der internationalen Öffentlichkeit zustande kam, die durch den Aufstand von L.A. erst aufmerksam geworden war. Ohne sie hätte kein Prozeß stattgefunden.

Deutlich wird daran auch, daß das System unter dem Druck des Volkszorns seine eigenen Vertreter fallenläßt - wie es dann erst mit denen umgeht oder umgehen wird, die nicht dazugehören, schon gar, wenn es Unterstützung durch öffentlichen Druck gibt, liegt auf der Hand.

Dasselbe System, das den vier Polizisten aus L.A. die zitierten verfassungsmäßigen Rechte verweigert hat, verweigert den Armen und politisch Machtlosen täglich und ungestraft ihre Rechte und wird den Fall Koon benutzen, um sie noch weiter einzuschränken.[99] Zu schweigen, wenn der Staat gegen die eigene Verfassung verstößt, damit jemandem der Prozeß gemacht werden kann, dem wir es gönnen, kann dazu führen, daß auch dann alles schweigt, wenn Gesetze gebrochen werden, um Staatsfeinde und Oppositionelle zu verfolgen.

Das können wir nicht zulassen.

Wir dürfen dem Staat diese Macht nicht zugestehen.

Die American Civil Liberties Union vertritt die plausibel klingende Position, daß der zweite, bundesgerichtliche Strafprozeß gegen den Fünften Zusatzartikel der US-Verfassung verstößt. Ich vermute, daß auf dieser Rechtsgrundlage in einem späteren Berufungsverfahren die Urteile wieder aufgehoben werden.

Es ist paradox, daß viele, die nicht gegen dieses Verfahren protestiert haben, es für unangemessen halten, wenn von Staatsgerichten ausgesprochene Urteile nach dem Habeas-Corpus-Prinzip vor einem Bundesgericht in Revision gehen. Der zweite Prozeß vor dem Bundesgericht hat es dem System ermöglicht, sich zu tarnen und sich den Anschein der Gerechtigkeit zu geben.

Doch der Schein trügt.

April 1993

Machtlos

Eine Frau, die sich für die Versorgung von Obdachlosen mit Lebensmitteln engagiert, gerät in einer zentralen U-Bahnstation in eine Auseinandersetzung mit Bahnpolizisten. Sie wird angesprochen, grob angefaßt, zu Boden geworfen und in Gewahrsam genommen. Einer anderen Frau wird die Scheibe im Auto von einer Highway-Polizeistreife zertrümmert, weil sie mit ihrem Wagen nicht schnell genug ist und ihr Fenster nicht auf Kommando runterkurbelt. Sie wird gepackt, in Handschellen gelegt und verhaftet.

Das Besondere an diesen Fällen ist die Identität der beiden betroffenen Frauen. Die erste ist nicht nur selbst in der Politik, sie ist zusätzlich auch noch die Frau eines Kongreßabgeordneten. Die zweite, eine bekannte Akademikerin, ist mit einem Abgeordneten verheiratet. Beide sind Afroamerikanerinnen.

Die Ermittlungsverfahren gegen beide Frauen wurden später eingestellt. Doch angesichts der Tatsache, daß sie trotz ihrer Prominenz und ihres Einflusses so rüde behandelt wurden, stellt sich die Frage, wie Beamte dann eigentlich mit Leuten umgehen, die nicht über einen derartigen Einfluß verfügen.

Die geschilderten Vorfälle trugen sich 1993 in Philadelphia zu. Die erste der beiden Betroffenen ist Jannie Blackwell, Stadträtin von Philadelphia und Frau des gerade gewählten demokratischen Kongreßabgeordneten Lucian Blackwell. Die zweite ist Renée Hughes, führende schwarze Anwältin aus Philadelphia und frühere Präsidentin der angesehenen Barristers Association (Ortsverein der nationalen Anwaltsvereinigung), verheiratet mit dem demokratischen Abgeordneten des pennsylvanischen Parlaments Vincent Hughes (Wahlbezirk 170). Daß beide Fälle auf dem Verwaltungsweg „gelöst" wurden, interessiert hier nur am Rande. Entscheidend ist, daß diese Vorfälle überhaupt möglich waren. Tatsächlich sind solche Ereignisse für schwarze Männer und Frauen in den USA der Alltag, ganz unabhängig von Klasse, Rang, Status oder Lebenssituation.

Daß Polizisten mit Menschen so schäbig umspringen, mit eben den Menschen, die ihnen im wahrsten Sinne des Wortes ihr Gehalt zahlen und ihren Haushalt festlegen, wirft ein düsteres Licht auf das Leben der Menschen, die den sozialen, ökonomischen und politischen Bodensatz der Gesellschaft darstellen, die keinen Einfluß haben, keine Stärke, nicht gehört werden.

Die Vorfälle zeigen, wie sehr weiße Polizisten schwarze Männer und Frauen verachten - sogar solche, wie im Fall der betroffenen Frauen, die Positionen im Staatsapparat bekleiden, die Staatsmacht scheinbar kontrollieren. Tatsächlich ist die Kontrolle des Apparats illusorisch und genauso wenig real wie die Macht selbst. Die Polizei ist außer

Kontrolle. Schwarze Politiker sind nicht beteiligt an der Macht. Angesichts dieser Vorfälle müssen wir uns fragen, was uns in einer solchen Situation erwartet, wenn sogar ihnen so etwas zustoßen kann.

Wer verfolgt hat, wie die Polizei am 13. Mai 1985 Brandbomben über dem MOVE-Gebäude abwarf und ein Massaker anrichtete und wie ATF und FBI im April 1993 Wände im Haus der Koreshianer im texanischen Waco einrammten und zerstörten, und immer noch behauptet, die Polizei sei unter Kontrolle, der kann auch durch das, was er hier liest, nicht überzeugt werden.

Polizisten sind Agenten im Interesse des Kapitalismus der weißen herrschenden Klasse - und Punkt. Weder schwarze Manager noch schwarze Politiker können an dieser Realität etwas ändern. Das Volk muß sich selbst organisieren, um sich zu verteidigen, niemand anders wird es tun.

April 1993

Clinton will den Kopf von Guinier

Intelligent, kompetent, gelehrt und provokant - die Jura-professorin Lani Guinier von der University of Pennsylvania verfügte über alle notwendigen Eigenschaften, um die angeschlagene Clinton-Administration mit schwarzem Glanz aufzupolieren. Guinier war eine verbürgte FOB/H (Friend of Bill/Hillary - Freundin von Bill und Hillary), die mit der „First Family" zusammen die Yale Law School besucht hatte; und ihre Nominierung zur stellvertretenden Generalstaatsanwältin und Abteilungsleiterin für Bürgerrechte im Justizministerium wurde als mutiger Schritt in die richtige Richtung begrüßt. Doch dann inszenierte ein aus Mitgliedern beider Parteien bestehender konservativer Stoßtrupp eine gemeinsame Anti-Guinier-Kampagne. Sie steigerte sich zu einer Hexenjagd, die darauf abzielte, die Chancen der prominenten Rechtswissenschaftlerin zu zerstören und sie als Radikale zu diffamieren, die Ideen „jenseits des gesellschaftlichen Konsenses" verfechte.

Als sich Präsident Bill Clinton mit anonymer, verdeckter Opposition im Rechtsausschuß des Senats und mit Angriffen der konservativen Presse konfrontiert sah, warf er seine langjährige Freundin den Wölfen zum Fraß vor. Er traf eine noch nie dagewesene, empörende Maßnahme, er zog ihre Nominierung zurück und verunglimpfte gleichzeitig ihre wissenschaftliche Arbeit. Dadurch nahm er ihr die Möglichkeit, ihren Fall vor dem Senat darzustellen. Der Kopf von Prof. Guinier mußte rollen, damit Clinton einen rechten Flügel besänftigen konnte, der ohnehin nie zu ihm gestanden hatte.

Daß die Nominierung von Lani Guinier zurückgenommen wurde, brüskierte Clintons eifrigste Unterstützer und Unterstützerinnen, ganz besonders Afroamerikanerinnen und Frauen, die sich durch diese offensichtlich politische Taktlosigkeit verletzt fühlten. Doch dieser Fauxpas unterlief Clinton keineswegs zufällig, er war Teil einer Strategie, die man „*playing to the cheap seats*"[99a] nennen könnte. Jedesmal, wenn Clinton bei Meinungsumfragen schlecht abschneidet, manipuliert er sie schnell und erfolgreich dadurch, daß er an den kleinsten gemeinsamen Nenner in der amerikanischen Politik appelliert - die Rasse.

Als der Präsidentschaftskandidat Clinton in die Kontroverse um Gennifer Flowers verwickelt wurde[100], flüchtete er mitten im Wahlkampf nach Little Rock in Arkansas, um dort der Exekution des behinderten schwarzen Gefangenen Ricky Ray Rector beizuwohnen. Als sein Stern in den Meinungsumfragen sank, riet ihm sein politischer Instinkt, die Rapperin Sista Souljah öffentlich zu diffamieren, ein Affront gegen Reverend Jesse Jackson, der sie beide als Redner zu einer Rainbow Conference[101] eingeladen hatte.

Im ersten Fall ging es ihm darum, Härte im Kampf gegen das Verbrechen zu demonstrieren, um von einem unangenehmen Sexskandal abzulenken. Im zweiten Fall galt es, seine Unabhängigkeit vom schwarzen Flügel der Demokratischen Partei unter Beweis zu stellen. Vom Anheuern eines Reagan-Ideologen (dem konservativen Autor David Gergen) bis hin zum Fallenlassen von Professorin Guinier war das Leitmotiv jeweils die Beleidigung oder Brüskierung von Schwarzen, seinen loyalsten Wählern, mit dem Ziel, die Unterstützung der weißen sogenannten politischen Mitte zu gewinnen.

Ist es bloßer Zufall, daß die Umfrageergebnisse für Clinton vor dem Fall von Guinier schlechter waren als je zuvor? Daß er Guinier auf so peinliche Weise abserviert hat, um eine Fraktion zu versöhnen, die ihn ohnehin niemals akzeptieren wird, zeigt so oder so, daß ein junger Demokrat um keinen Deut besser ist als ein alter Republikaner.

Juni 1993

Die andere Seite des Ruhms

Einem alten Panther-Genossen habe ich es zu verdanken, daß ich endlich Gelegenheit hatte, David Hilliards Buch *This Side of the Glory: The Autobiography of David Hilliard and the Story of the Black Panther Party* (Little, Brown, 1993)[102] zu lesen. Es ist eine interessante und tragische Schilderung von Hilliards Leben - von seinen mühsamen Anfängen in Alabama über seinen jähen Aufstieg zum Stabschef der Black Panther Party, bis zu seinem Absturz und seinem drogenbedingten Scheitern in der Gosse. Das Buch erzählt Davids Geschichte mit all den Fehlern, die er gemacht hat, hervorragend. Was es nicht erzählt, ist die Geschichte der Black Panther Party. In Wirklichkeit gab es nie die eine Partei, es gab über fünfundvierzig - jeder Flügel, jede Ortsgruppe hatte ihr eigenes Profil und lokale Charakteristika; sie waren verstreut über das gesamte Gebiet der USA, einen Flügel gab es auch im nordafrikanischen Algiers, und alle waren sie durch das gemeinsame revolutionäre Ideal zu einem dichten Netz miteinander verwoben.

Dieser Artikel ist eine Buchbesprechung, und deshalb will ich hier gleich ankündigen, daß ich nicht neutral bin:

Ich war früher selbst bei den Panthers und erhebe deshalb gar nicht erst den Anspruch, objektiv zu sein. Ich kenne viele der in dem Buch beschriebenen Menschen an der Ost- und an der Westküste - die Lebenden und die Toten -, denn als Mitarbeiter im Informationsministerium der Partei habe ich verschiedene Ortsgruppen im ganzen Land besucht, dort gearbeitet oder gewohnt. Ich erinnere mich an viele eindrucksvolle, großartige Brüder und Schwestern, die alles, ihr gesamtes Leben, der Verteidigung der Partei widmeten, doch über sie schweigt sich das Buch über weite Strecken aus. Wer nur *This Side of Glory* gelesen hat, müßte der nicht zu dem Schluß kommen, daß ihr heroischer Einsatz umsonst war, weil er vergessen wurde?

Das Buch schildert die Geschichte des nationalen Hauptquartiers in Berkeley in Kalifornien oder die Anfänge der Ortsgruppe von Oakland zwar recht gut, doch um 1970 war die Partei bereits eine über die gesamten Vereinigten Staaten ausgedehnte Organisation, was, außer in ein paar knappen Anmerkungen zu den Konflikten zwischen New York und Oakland, nicht zum Ausdruck kommt. Jede Ortsgruppe vertrat ihren eigenen Regionalismus, angefangen bei Kalifornien mit den Ortsgruppen in Los Angeles und Oakland, wo eine Fülle von jungen Männern und Frauen aus dem ländlichen Süden organisiert waren (Huey, David und Geronimo waren Jungen vom Lande und stammten aus dem tiefsten Süden), über New York, wo es Niederlassungen mit hispanischen Mitgliedern gab und das Tempo schneller, atemloser, urbaner war (David erwähnt sogar, wie entsetzt er über den New Yorker „Stil" war), bis hin zu Chicago, wo die Ortsgruppe eine wilde Mischung aus beidem war.

Hilliard merkt sehr treffend an, daß Jesse Jackson mit seinem Redestil und seinem persönliches Auftreten den ermordeten stellvertretenden Vorsitzenden Fred Hampton aus Illinois nachahmt, einen hochbegabten Organisator, den die Regierung umbringen ließ, sobald ihr sein revolutionäres Potential klar geworden war.

Während Hilliard ehemalige Gefangene glorifiziert, die Panthers wurden, ignoriert er dagegen im großen und ganzen sowohl Ex-Panthers, die zu Gefangenen wurden, als auch politische Gefangene und POWs[103], die seit Jahrzehnten eingesperrt sind. Am interessantesten liest sich Hilliard da, wo er von seinen Begegnungen mit dem ehemaligen Verteidigungsminister Dr. Huey P. Newton berichtet, einem rätselhaften Menschen.

Intelligent, launisch, selbstsicher, verunsichernd, gesegnet, verflucht, geliebt und gehaßt, all das waren Facetten von Huey P. Newton. Hilliard, selbsternannter „*Homie*"[104] von Huey, geht in seinem Buch nicht der Frage nach, warum er oder jemand anders aus der Peralta-Street-Gruppe Huey nicht aus dem Abgrund heraushelfen konnte, in den er gestürzt war, warum niemand diesen klugen Kopf an eine unserer Akademien berief, sei es die Howard University, Tuskegee oder irgendein anderes traditionell schwarzes College. Wie kann man es zulassen, daß ein Mensch von

Hueys Format in Schimpf und Schande elendig und erniedrigt stirbt?

Man sucht in Hillards Buch vergeblich nach einer politischen, radikalen oder revolutionären Perspektive, die die Jahre überlebt hätte. Der Autor setzt sich nicht etwa für das gesellschaftlich dynamische Zehnpunkteprogramm der Black Panther Party ein, das nach dreißig Jahren noch immer umgesetzt werden muß, statt dessen wirbt er für das Zehn-Schritte-Programm der Anonymen Alkoholiker. Die Menschen flüchten sich deshalb in Alkohol und Drogen, um den unerträglichen Bedingungen zu entkommen, die das Leben von Schwarzen auf dieser Welt tagtäglich heimsuchen und entwerten. Genau jene Bedingungen, aus denen die Partei in den sechziger Jahren entstanden ist - brutale Polizisten, rassistische Gerichte, Bildungsnotstand, Arbeitslosigkeit und so weiter - bedrängen unser Volk bis heute. Ein paar vereinzelte, weitestgehend machtlose schwarze Politiker sind keine Lösung. Wir haben noch einen langen Weg vor uns.

Juli 1993

Welche Bedeutung hat der 4. Juli für einen Gefangenen?

»In einer Zeit wie der heutigen bedarf es der beißenden Ironie, nicht überzeugender Argumente. Ach, besäße ich nur das Talent, und könnte ich das Ohr der Nation erreichen, so würde ich noch heute einen Schwall von beißendem Hohn, donnernden Vorwürfen, vernichtendem Spott und strengstem Tadel sich ergießen lassen. Denn nicht Licht ist vonnöten, sondern Feuer; nicht sanfter Regen, sondern ein Unwetter. Wir brauchen Sturm, Wirbelwind und Erdbeben. Die Gefühle der Nation müssen zum Leben erwachen, das Gewissen der Nation muß aufgerüttelt werden, die Konventionen der Nation müssen erschüttert werden, die Scheinheiligkeit der Nation muß entlarvt werden: Und ihre Verbrechen gegen Gott und den Menschen müssen laut verkündet und angeprangert werden.
Welche Bedeutung hat euer 4. Juli für den amerikanischen Sklaven? Ich sage euch, es ist ein Tag, der ihm mehr als alle anderen Tage im Jahr die schreiende Ungerechtigkeit und Grausamkeit enthüllt, deren ständiges Opfer er ist. Für ihn ist eure Feier ein

Schwindel, die Freiheit, derer ihr euch rühmt, lästerliche Ausschweifung, euer Nationalstolz aufgeblasene Eitelkeit. Euer Jubel klingt leer und gefühllos; das Anprangern von Tyrannen wie eine unverschämte Dreistigkeit. [Für den Sklaven sind] eure Rufe nach Freiheit und Gleichheit hohles Blendwerk; eure Gebete und Hymnen, eure Predigten und Danksagungen mit all den religiösen Prozessionen und Zeremonien sind für ihn bloßer Pomp, Betrug, Täuschung, Gottlosigkeit und Heuchelei - ein hauchdünner Schleier, der Verbrechen verdecken soll, die selbst einem Volk von Wilden Schande machen würden. Auf der ganzen Erde gibt es nicht eine Nation, die entsetzlicherer und blutigerer Taten schuldig ist als die Menschen dieser Vereinigten Staaten in eben diesem Augenblick.«

Frederick Douglass, 5. Juli 1852[105]

Am 4. Juli 1993 zitierte der Vorsitzende des ANC, Dr. Nelson Mandela, in Philadelphia diese Rede von Frederick Douglass anläßlich der Verleihung der Liberty Medal an ihn und den südafrikanischen Staatspräsidenten F. W. de Klerk. Wenn die gleichzeitige Präsenz von Mandela und de Klerk noch nicht genug Konfliktstoff lieferte, dann taten dies für Radikale gewiß die beiden Preisverleiher, der Bürgermeister von Philadelphia, Ed Rendell, und US-Präsident Clinton. Hunderte von Schwarzen aus Philadelphia, ohne

Zweifel Bewunderer von Mandela, nahmen Anstoß an de Klerks Anwesenheit.

Zwar präsentieren sich die Preisverleiher gern mit dem Slogan „Wir - das Volk von Philadelphia", doch die Durchschnittsbürgerinnen und -bürger von Philadelphia durften bei der Auswahl der Liberty-Medal-Preisträger nicht mitreden und erst recht nicht den weithin unpopulären de Klerk ablehnen. Nicht die einfachen Leute der Stadt wählten die Liberty-Preisträger aus, sondern das Philadelphia der Konzerne und des Big Business.

Warum? Warum wurden die Menschen, von denen sich viele über zwanzig Jahre lang gegen die Apartheid (und für die Freilassung Mandelas) eingesetzt hatten, ausgesperrt und ihre Proteste gegen de Klerk völlig ignoriert? Wenn - oder falls - die afrikanische Mehrheit in Südafrika eines Tages die Macht übernimmt, dann brauchen die US-amerikanischen Großunternehmen dort Freunde. Die Namen der Firmen, die die Preisvergabe sponserten, lesen sich denn auch wie die Mitgliederliste der Handelskammer: Unisys Corporation, Pennsylvania Bell, und so weiter und so fort...

Mandela, der in vierundsiebzig Jahren nicht ein einziges Mal bei der Wahl der Regierung seine Stimme abgeben konnte, und de Klerk, der durch eine Wahl Präsident ist, bei der nur die Stimmen der nichtschwarzen Minderheit zählten, stehen nur für die Hoffnung auf Freiheit, nicht mehr.

Die weiße Minderheit in Südafrika hat dreihundert Jahre lang ihr möglichstes getan, um die Freiheit der Afrikaner zu ersticken.

Die afrikanische Mehrheit ist auch nach der Vergabe der Preise noch nicht frei.

Juli 1993

Ein Haus ist kein Zuhause

Ganz still sitzt sie da. Die kaffeebraunen Gesichtszüge wie in Stein gemeißelt, einer Maske gleich. Nur wer genau hinsieht, bemerkt, daß Tränen dieses dunkle, stolze, mütterliche Gesicht zu überfluten drohen, ein Gesicht, in dem noch immer Wut geschrieben steht.

An einem warmen Frühlingstag in Nord-Philadelphia - sie hatte einen anstrengenden Arbeitstag als Haushälterin bei einer Familie in West Mount Airy hinter sich - machte sie sich auf den Weg nach Hause. Als sie ankam, wurde sie von Polizisten angehalten, die ihr mitteilten, sie dürfe das Haus, in dem sie seit dreiundzwanzig Jahren lebte, nicht betreten. Es werde im Rahmen eines Programms gegen Drogenumschlagplätze abgerissen. „In meinem Haus gibt's keine Drogen!" protestierte die neunundfünfzigjährige Großmutter. „Dies hier ist mein *Zuhause!*" Den Polizisten, die sich in diesem Teil der Stadt nicht auskannten, war das egal.

Mrs. Anthony verließ den Ort des Geschehens, um sich mit ihren erwachsenen Kindern in Verbindung zu setzen. Zwei Stunden später kehrte sie zurück und fand eine schauerliche Szenerie vor, die aus einem *Twilight Zone*-Film hätte stammen können. Ihr Zuhause gab es nicht mehr.

Aus Wolken von rotem Staub und Bergen von Schutt ragten aufgeschichtete Ziegel heraus, eine einsame, zerklüftete Wand war geblieben, der Anzug eines Mannes hing flatternd an einem Haken, flatternd wie die weiße Fahne der Kapitulation in einem Krieg, den Bulldozer und ehrgeizige Politiker geführt hatten. Mrs. Anthony war nicht gewarnt worden, als der Bagger grimmig die Ziegelsteine zermalmte, die ihr Leben bedeuteten, und die gesammelten Erinnerungsstücke eines gelebten Lebens auseinanderfledderte. Es wurde ihr nicht mitgeteilt, daß die „Stadt der brüderlichen Liebe" ihre Nachbarn nicht mochte und deshalb beabsichtigte, das dem Erdboden gleichzumachen, was dreiundzwanzig Jahre lang ihr Zuhause gewesen war. Eines Tages kreuzten sie einfach auf, bewaffnet mit Fernsehkameras und politischen Ambitionen, und legten los. Aus und vorbei.

Als Reporter die Politiker nach der schwarzen Großmutter fragten, deren Haus zerstört worden war, antworteten die mit der für sie typischen Arroganz: „Nun, unser Enteignungsgesetz gibt uns nun mal das Recht, jedes Haus abzureissen, das wir wollen." Als die Berichterstattung negativ wurde, sandten sie die Friedenstaube aus:

„Wir werden sie entschädigen."

„Oh, ehrlich, das war ein Irrtum!"

„... Wiedergutmachung..."

Was dabei nicht in Frage gestellt wird, ist der Sinn einer Politik der flächendeckenden Zerstörung, die beim Brunch zwischen französischem Brie und Croissants ausgeheckt und rechtzeitig für die Sechs-Uhr-Nachrichten in die

Tat umgesetzt wird - ohne Rücksicht auf das Leben und Wohlergehen der Betroffenen.

Warum beginnt die Verwaltung einer Stadt, in der schätzungsweise 30.000 Menschen obdachlos sind, einen Blitzkrieg und zerstört unter Einsatz von Bulldozern Häuser, sogar leerstehende? Als rotgesichtige Behördenvertreter Mrs. Anthony schließlich eine Wohnung als Entschädigung anbieten, ist sie nicht eben begeistert. „Nachdem die Stadt sie so behandelt hat", erklärt Mrs. Anthonys Tochter Geraldine Johnson, „will sie nicht mehr in Philadelphia leben."

Der Behandlung, die ihr die „Diener der Bürger" angedeihen ließen, wie sie sich selbst nennen, liegt die Gleichgültigkeit zugrunde, mit der die politische Elite mit dem Leben, dem Eigentum und den Sehnsüchten von Schwarzen umgehen. In einem Viertel, in dem weiße Großmütter leben, würde man ein solches Maß an destruktiver Nonchalance vergebens suchen.

Ein neuer Akt in der Tragikomödie mit dem Titel „Der Drogenkrieg".

April 1992

Eine verlorene Generation?

In jüngst erschienenen Berichten wird beklagt, afroamerikanische Jugendliche seien bemerkenswert resistent, ja, geradezu immun gegen die herkömmliche Werbung, die die grossen Medien benutzt, um jüngere Schwarze mit großen Marken und prominenten Sportlern anzusprechen. Die Forschung registrierte bei Jugendlichen ein starkes Gefühl tiefer Entfremdung und einen allgemein verbreiteten Hang zum Fatalismus, wenn es um ihre Zukunftsperspektiven geht, ein Gefühl, daß „es ein Morgen vielleicht nicht gibt, also leben wir unser Leben heute".

Die Jugendlichen verbringen zwar relativ viel Zeit vor dem Fernseher, wissen aber, daß die Dramen, Komödien und Nachrichtensendungen sich nicht an sie als Konsumenten richten, und nehmen sie deshalb aus der Perspektive von Außenseitern wahr. Empfänglich sind sie allein für die unter dem Namen Rap bekannte techno-urbane Musikform, denn sie ist aus dem Bewußtsein der Großstadtjugend entstanden und erzählt in ihrer Sprache vom Leben am Rande der Gesellschaft. Wegen dieser tiefgehenden Dissoziation sahen sich einige Vertreter der neuen schwarzen Mittelschicht genötigt, die Jugend als „die verlorene Generation" zu beklagen.

Aber ist sie wirklich „verloren", und wenn ja, an wen?

Der aus Martinique stammende schwarze Revolutionär Frantz Fanon hat einmal gesagt, daß jede Generation ihre Bestimmung finden und sie entweder erfüllen oder aber sie verraten muß.

Für die Generation meines Vaters, der Ende der neunziger Jahre des vergangenen Jahrhunderts im Süden zur Welt kam, hieß diese Bestimmung, ihre Familien in den Norden zu bringen, in ein Land, das ein besseres Leben versprach, weg von den haßerfüllten Homelands der amerikanischen Südstaaten. Die Träume jener Generation, die von Wunschbildern wie neuen Wohnungen, besseren Schulen, neuen Autos und Wohlstand inspiriert waren, erfüllten sich, relativ gesehen, für einige, doch das Stigma des Rassismus vermochten die in den Norden ziehenden Afroamerikaner nie hinter sich zu lassen.

Als die in den Fünfzigern und Sechzigern geborene Generation während der Nixon-Reagan-Bush-Ära erwachsen wurde, definierte die Rassenzugehörigkeit aufs neue die Grenzen der Entfaltungsmöglichkeiten für Schwarze, und als industrielle Arbeitsplätze zurück in die Südstaaten oder ins Ausland verlagert wurden, zerschlugen sich auch die Träume vom relativen Wohlstand. Die Kinder dieser Generation - die mitten in einer Überflußgesellschaft in ernüchternde Armut hineingeboren wurden, denen, eingesperrt in eine Welt des Mangels, das Denken mit Fernsehexzessen à la

Falcon Crest abgewöhnt wurde, auf deren bloße Existenz üble Politiker spucken - sind die Hip-Hop- und Rap-Generation.

Ein legaler Weg, ihr materielles Überleben zu sichern, bleibt ihnen verschlossen, kriminelle Politiker und Polizisten blicken auf sie herab, für sie gibt es nur ungenügende Bildungsangebote, und der Ton, in dem man mit ihnen spricht, ist voller Verachtung, nicht voller Liebe. Ist es wirklich eine Frage, warum diese Jugendlichen entfremdet sind? Warum die Verwunderung?

Sie betrachten das Leben, das sie leben, und sehen keine „Weiterentwicklung der Bürgerrechte". Stattdessen schlägt ein Staat, der im Krieg mit ihren Träumen liegt, die Trommel der Repression. Warum also die Verwunderung?

Dies ist keine verlorene Generation. Es sind die Kinder des Aufstands von Los Angeles, die Kinder der MOVE-Bombardierung, die Kinder der Black Panthers und die Enkel von Malcolm. Als die wahrscheinlich bewußteste Generation seit Nat Turner sind sie alles andere als verloren, nein, eher am falschen Platze, ausrangiert von einem zunehmend rassistischen System, das ihre inneren Werte unterminiert.

Alle sind sie potentielle Revolutionäre, und sie haben die historische Macht, unsere trübe Realität zu verändern.

Wenn sie verloren sind, dann sucht und findet sie.

Juni 1992

Blues for Huey

Aus dem Lautsprecher neben der Tür des Ladens in der Columbia Avenue in North Philly schallt die Trompete des Exil-Afrikaners Hugh Masakela, schwingt sich mal auf in die Höhe, stürzt wieder in die Tiefe, durchschneidet hell und klar den dicken, drückenden, hochsommerlichen Mittagsdunst. Sie spielt „*Blues for Huey*". Ich sitze da, hypnotisiert von der Trompete und berauscht von Masakelas Klängen. Blechern, durchdringend, sauber, kräftig, voll der Melancholie, die aus Tränen, Schmerz und schwüler Sinnlichkeit in den staubigen *shabeens* (Schnapsbuden) von Soweto entsteht und die zusammenfließt mit der neu gefundenen Militanz der schwarzen Jugend in den USA - Afrika und Afroamerika, wiedervereint in Masakelas aufrichtigem Trompetenspiel, wiederentbrannt mit einer einzigen Flamme.

„Blues for Huey" vor dem Panther-Büro in Philadelphia.

Ich hatte dieses beeindruckende Instrumentalstück unvermittelt wieder im Kopf, als die Nachricht einschlug, daß Huey P. Newton, der frühere Verteidigungsminister der Black Panther Party, erschossen auf einer Straße in Oakland aufgefunden worden war. Sie traf mich wie ein Solo von

Masakela - in den Bauch, ins Herz. Erstaunlich, daß Huey schon fast fünfzig Jahre alt war. Beinahe noch erstaunlicher, daß Hueys Tragödie, unsere Tragödie, sich in der naiven Frage von Millionen schwarzer Kids und Jugendlicher zusammenfassen läßt: „Huey? Wer ist das denn?“

Ich mußte in meiner Erinnerung wohl zwanzig Sommer weit zurückgehen, um mir „*Blues for Huey*“ wieder zu vergegenwärtigen, dieses bittersüße Stück, das vielleicht eine Hommage an Huey Newton war, vielleicht aber auch nicht.

Manche Lieder stehen für eine bestimmte Zeit; bei mir ist es diese kraftvolle Melodie.

Ich bin in der Organisation der Panther immer ein kleines Licht gewesen und habe den Verteidigungsminister nur ein einziges Mal persönlich getroffen. Er war nach Philadelphia gekommen und ich war als Bodyguard eingeteilt. Ich war nicht sicher, ob er überhaupt meinen Namen wußte, aber ich verehrte ihn. Huey - Autodidakt, intelligent, wortkarg, willensstark - formte den gerechten Zorn und die Wut eines unterdrückten Volkes zu einer US-weiten militanten Organisation des revolutionären Befreiungsnationalismus. Mit seinem mutigen Denken und Handeln erreichte er die, die sich mit Füßen getreten fühlten, das sogenannte „Lumpenproletariat“ des schwarzen Amerika, und einigte sie zu einer geballten Faust zornigen Widerstands, so daß FBI-Direktor J. Edgar Hoover sich genötigt sah, die Partei als „die größte Bedrohung“ für die innere Sicherheit der Vereinigten Staaten zu betrachten. Huey rief historisch in Vergessenheit geratene Werte schwarzen Lebens wieder wach und stellte sie durch

Programme wie „freies Frühstück“ und „freie Kleiderausgabe“ in den Dienst des Volkes. Gleichzeitig organisierte er Einheiten zur Selbstverteidigung der Communities.

Daß Schwarze anfingen, für ihre Befreiung zu kämpfen, war der herrschenden Klasse in den Vereinigten Staaten zu viel - man ließ die Hunde von der Leine. Die Regierung setzte das FBI an. Der Auftrag lautete, so Hoover im Wortlaut, „alle Versuche (der Partei), (...) ihre Kräfte zu konsolidieren (...) oder neue junge Mitglieder anzuwerben, zu vereiteln“. In ihren besten Zeiten hatte die Partei Ortsgruppen in fünfundvierzig Städten der USA.

Die Spaltungsaktionen der Regierung wirkten schnell und tödlich. Inszenierte Scharmützel mit örtlichen Polizeieinheiten wurden auf dem Hintergrund der historischen Phobie des weißen Amerika vor „bewaffneten Niggern“ zur Routine. Ungefähr achtunddreißig Panthers wurden in der Folge von rassistischen Polizisten erschossen. Die Partei wurde auf allen Ebenen mit im Sold des FBI stehenden Agent-provocateurs und Informanten durchsetzt. Als die Polizeirazzien immer häufiger und immer heftiger wurden und die anfallenden Kautionen und Gerichtskosten die Partei arm machten, brach Paranoia aus.

Mitte der siebziger Jahre verschwand die Partei von der Bildfläche - gespalten durch Regierungsaktionen und innere Konflikte und geschwächt durch den starken Mitgliederschwund. Huey war ein Kommandant ohne Kommando, ein Visionär ohne Forum, ein Revolutionär ohne revolutionäre Partei; er kehrte zurück in die Welt der kleinkriminellen Straßenszene seiner Jugend in Oakland, die Welt der Zuhälter, der Spieler, der „illegitimen Kapitalisten" (wie er sie nannte), die ihn magisch anzog. Diese Anziehungskraft war schließlich tödlich.

Huey war, auch das muß gesagt sein, kein Gott und kein Heiliger. Nein, er war ein Mensch, neugierig und mit scharfem Verstand, einer, der alle Kinder dieser Erde liebte und alle Unterdrücker dieser Erde kompromißlos bekämpfte. Er diskutierte mit dem inzwischen verstorbenen chinesischen Premier Tschou En-lai über Philosophie, er begegnete Mao, er aß mit Kim Il-Sung in Nordkorea, und er war zu Gast bei Fidel Castro.

Huey Percy Newton hat dank seiner Willenskraft und seines großen Herzens seine Zeit durch Militanz geprägt und damit einen wertvollen Beitrag zum schwarzen Befreiungskampf geleistet. Die Tatsache, daß er durch die Hand eines Crack-Abhängigen starb, ist ein ernüchterndes Zeichen dafür, wie tief er gefallen war, wie tief wir gefallen sind. Am besten gedenken wir eines solchen Menschen, indem wir unsere Communities von dem Gift reinigen, das diese wirklich herausragende Persönlichkeit nicht mehr losließ und schließlich umbrachte, und indem wir die besten Erinnerungen an ihn nutzen, um revolutionäres Bewußtsein zu erneuern.

August 1989

Heiße Tage in Philly – Impressionen aus einer Stadt

Wenn Wallace es wagen würde, in Philadelphia für seine Präsidentschaftskandidatur zu werben, dann würden wir, vier Philly Teens, es eben wagen, dagegen zu protestieren - wenn nötig direkt vor seiner Nase.[106] Also machten wir uns auf, Eddie, Alvin, Dave und ich. Zuerst stiegen wir in der Broad Street in die U-Bahn und fuhren bis zur Endstation. Vier Afros mitten in einem Meer von Blonden, Brünetten und Rothaarigen, die sich in die Hochburg des großstädtischen weißen Rassismus wagten, um es dem Kerl aus Alabama zu zeigen.

Wir müssen verrückt gewesen sein. Wir spazierten ins Stadion, vier schlaksige, dunkle Bohnenstangen in einem brodelnden Weißebohneneintopf. Die Band spielte den „*Dixie*“[107]. Wir brüllten: „*Black Power, Ungowa, Black Power!*“ Sie brüllten: „*Wallace for President! White Power!*“ und „*Schickt diese Nigger zurück nach Afrika!*“ Wir brüllten: „*Black Power, Ungowa!*“ (Fragt mich nicht, was „*Ungowa*“ heißt. Wir wußten es selbst nicht. Wir wußten nur, daß es höllisch gut klang.) „*Black Power!*“ Wir ernteten Pfiffe und Buhrufe. Stolz standen wir von unseren Plätzen auf und erhoben die Faust zum Black-Power-Gruß. Als Antwort wurden wir von den darüberliegenden Rängen aus bespuckt. Einige Patrioten rissen amerikanische Flaggen von den Fahnenstangen ab und schleuderten die nackten Stangen auf uns. Wallace lief unter Beifallsstürmen zu rhetorischer Höchstform auf. „Wenn ich Präsident bin, werden diese dreckigen, ungewaschenen Radikalen in die Sow-ie-jet-union geschickt! Den ganzen Wahlkampf hindurch haben diese Radikalen gegen George Corley Wallace demonstriert. Nun, ich hoffe, sie haben den Mumm, sich vor meinen Wagen auf die Straße zu legen. Dann fahr ich sie einfach platt!" Die Menge raste.

Behelmte Polizisten tauchten auf und sagten uns, daß wir verschwinden müßten. Wir protestierten dagegen, wurden aber trotzdem nach draußen eskortiert (vielleicht waren wir sogar ein bißchen erleichtert darüber). Draußen sahen Eddy, Alvin, Dave und ich ein paar andere Schwarze von der Temple University und eine Gruppe von jungen Weißen, die auch rausgeflogen waren. Wir gingen zur Bushaltestelle und warteten auf die Linie „C" Richtung Nord-Philly. Doch bevor wir einsteigen konnten, griffen uns mehrere weiße Männer an. Einer von ihnen hatte einen bleigefüllten Totschläger aus Leder dabei. Wir wehrten uns, obwohl wir waffen- und zahlenmäßig unterlegen waren, doch vier Teens sind nun mal keine echten Gegner für acht bis zehn erwachsene Männer.

Zwei von ihnen griffen mich, der eine trat mir gegen den Kopf, der andere in die Eier. Als ich aufblickte, sah ich zweifarbige Hosenbeine mit Goldborte - ein Polizist. Ohne groß zu überlegen, schrie ich, wie ich es in jahrelanger Gehirnwäsche gelernt hatte: „Zu Hilfe! Polizei!" Der Polizist sah, wie ich am Boden lag und zu Brei geprügelt wurde, stürzte über die Straße und - verpaßte mir einen Fußtritt ins Gesicht! Ich bin diesem unbekannten Polizisten noch heute dankbar, denn mit diesem Tritt brachte er mich direkt in die Black Panther Party.

Der Sommer in North Philly ist für einen jungen Mann ein kleines Paradies. Es ist derart heiß, daß einem der Schweiß in Strömen läuft. Die Luft ist echt so energiegeladen, daß sie wie ein Pulsschlag vibriert. Die Hitze liegt wie ein feuchter Dunstschleier über der Stadt, mit dem Mutter Natur die schwarzen Körper liebevoll und zart umhüllt.

Defense Captain Reg lächelt väterlich und kneift die Augen zusammen. „Hey, Lieutenant, bei der Hitze kann man doch nicht arbeiten, los, wir gehn einen trinken." Die beiden verlassen das Halbdunkel vor dem Panther-Büro und schlendern zu Webb's Bar auf der anderen Seite der Columbia Avenue. Johnny Webb, ein Mann, der gut mit Leuten umgehen kann, heißt die beiden Panthers in seiner kühlen, dunklen Kneipe mit einem breiten Grinsen willkommen, wischt über die blank polierte Theke und serviert die Getränke. Der Captain nimmt einen Kurzen, und der jüngere Panther bestellt einen *Bitter Dog*, eine verfeinerte Variante des *Bitter Motherfucka* von der Westküste, die es nur in Philly gibt. Beide Drinks werden aus Rotwein und Zitrusfrüchten gemixt, der *MF* mit Grapefruit, der *Dog* mit Zitrone. Die

Getränke sind kalt und scharf, und der Captain und der Information-Lieutenant kühlen sich jeder auf seine Art ein wenig ab. Die Musikbox spielt James Brown mit *Southern Shout*, und Mumia nimmt allen Mut zusammen und fordert eine Schwester zum Tanzen auf. Der Lieutenant kann überhaupt nicht tanzen, und deshalb ist es wohl der *Bitter Dog*, der führt. Mumia stellt sich so tölpelhaft an, daß die ganze Kneipe sich vor Lachen schüttelt, wegen seines einzigartigen Stils (soweit davon die Rede sein kann) und wegen seiner abgewetzten, ausgelatschten Stiefel mit den wie bei arabischen Pantoffeln hochgebundenen Spitzen (die nicht besonders hilfreich sind).

Jintz, hübsche dunkle Schwester aus Kalifornien, platzt auch beinahe vor Lachen. Mumia, dem von James Brown („Say it loud, I'm black and I'm proud") die Ohren dröhnen und der frische Luft braucht, steckt seinen Kopf aus dem Eingang und… sieht wie auf der gegenüberliegenden Straßenseite zwei weiße Männer in Armeejacken den Vordereingang des Panther-Büros eintreten! Im Nu ist der Schwips vom *Bitter Dog* verflogen. „Reg! Hey, Reg! Da brechen welche in unser Büro ein!" Der junge Lieutenant wendet sich wieder zur Straße und starrt genau in die Mündung einer 38er Special, die so nah ist, daß er sie anfassen könnte. „Keine Bewegung, Nigger! Wenn du auch nur einmal blinzelst, dann blase ich dir deinen verdammten schwarzen Kopf von den Schultern!"

Rote Blitze durchzucken die Sommernacht. Mumia rührt sich nicht vom Fleck, und der *Bitter Dog* verwandelt sich in kalten Angstschweiß. Der Mann mit der Waffe lächelt - wenn man das so nennen kann. Er zeigt seine Zähne, die Augen aber sind wie blaues Gletschereis. Sein Gesicht und sein Nacken sind glühendrot. „Das war's wohl", denkt der junge Panther-Lieutenant. Die 38er ist so nah, daß er das Waffenöl riechen kann. Auf der anderen Straßenseite werfen weiße Männer Akten und Papiere auf die Straße.

Da war ich nun in den Siebzigern angelangt, ein gelangweilter, etwas kleinbürgerlicher, ausgebrannter Ex-Black-Panther, der allen Organisationen mißtraute, in dessen Innerem aber immer noch das Aufbegehren seiner Generation brodelte. Ich fühlte mich, als hätte ich mich zum Ausgehen todschick gemacht und wüßte nun nicht, wo die Party läuft. Die Panthers, denen ich mein Leben gewidmet hatte, begeiferten sich gegenseitig in einer vernichtenden, blutigen Fehde, in der die Ostküste gegen die Westküste stand: die Anhänger des damaligen Informationsministers Eldrigde Cleaver im Osten gegen die im Westen, die sich auf die Seite des ehemaligen Verteidigungsministers Huey P. Newton stellten. Cleaver war ein Idol für mich; Newton, dem ich einmal als Bodyguard gedient hatte, ein Held. Der Gedanke, daß wir uns gegenseitig bekämpften, machte mich ganz krank. „Ich bin doch nicht in die BPP eingetreten, um in einen verdammten Bandenkrieg reinzugeraten!" sagte ich mir wütend. „Scheiße! Für so einen Idiotenkram hätte ich auch gleich in Philly bleiben können!"

Die Panthers hatten echt solide diplomatische Beziehungen zu fortschrittlichen und revolutionären Staaten und Bewegungen in der ganzen Welt aufgenommen - zur Volksrepublik China und Nordkorea, zu Kongo-Brazzaville, dem African National Congress (ANC), der PLO, zu Kuba und so weiter. Die algerische Regierung hatte der Internationalen Sektion der Black Panther Party für die erste Botschaft des afroamerikanischen Volkes von Nordamerika Land gestiftet.

Um 1974 herum hatten die staatlichen Sicherheitskräfte in den USA mehr als dreißig Militante ermordet und weit mehr ins Gefängnis gebracht, die Panther-Büros waren mit Informanten und Agents-provocateurs durchsetzt, Telefone wurden abgehört, die Post wurde überwacht und Parteieigentum zerstört. Dann kam es zu einem vom Fernsehen übertragenen Rededuell zwischen Eldrigde und Huey (ermöglicht von einem wohlmeinenden weißen Journalisten), wonach es zwei Tote gab. Blut gegen Blut. Osten gegen Westen. Panthers killten Panthers. Ich hatte die beiden Toten gekannt. Enttäuscht und wütend entfernte ich mich immer stärker von einer Partei, die nicht mehr im Volk verankert war. Verbittert schwor ich, mich nie mehr einer Organisation anzuschließen. Ich würde gern unterstützen, Geld spenden, Agitprop schreiben. Aber Mitglied werden? Auf gar keinen Fall. Nee, nee! Ich nicht! Nicht nochmal!

Dann stieß ich auf MOVE.

Philly ist wie ihre nördliche Schwester New York City eine Stadt des *talk radio*. Allein die Größe dieser Städte, ihr

Rhythmus, ihr politisches Leben schaffen ein Klima, in denen dieses Radio bestens gedeiht. Ob Rentner oder Nachtarbeiter, Arbeitslose, Teilzeitjobber oder total Durchgeknallte, sie alle leisten ihren Beitrag zum Potpourri des *talk radio.*

Mitte der Siebziger zog ein altgedienter Ansager und Allround-Rundfunktalent namens Wynn Moore das *talk radio* in Philly zum ersten Mal im großen Stil auf. Quasi über Nacht machte er aus einem Jazzprogramm einen Marktplatz für Wortakrobaten. Groß, gedrungen, durchdringender Blick, Spitzbart, rollende Baßstimme wie tief aus dem Keller - das war Wynn Moore. Als Programmdirektor von WWDB-FM scharte er eine schräge Truppe von Moderatoren, Versicherungsvertretern, Studenten und Nachrichtensprechern um sich. Auch ich gehörte dazu. Er jonglierte mit uns, schüttelte uns solange, bis wir sprudelten, und ließ uns dann auf unser Sendegebiet Delaware Valley los. Die Einschaltquoten stiegen. Die Meinungen schwirrten wie Pfeile durch die Luft. Rechte Moderatoren mußten sich mit linken Hörern auseinandersetzen und umgekehrt.

Jedes Thema, das etwas hergab, war willkommen, und jeder, der sich selbst wichtig genug nahm, schaute bei WWDB rein und ging auf Sendung. Politiker, Schriftsteller, Politaktivisten, berühmte Sportler, Psychos, Wirtschaftswissenschaftler, Ausgeflippte aller Art - sie alle waren stets und ohne Ausnahme auf den WWDB-Frequenzen willkommen. Fast ohne Ausnahme. Eines Tages sendete ich einen kurzen Ausschnitt aus einem Interview mit Mitgliedern von MOVE, die vor den Büros der *Philadelphia Tribune* demonstrierten, einer Zeitung für die schwarzen Leserinnen und Leser in Philadelphia. Vom ersten Tag meiner Arbeit bei WWDB an war es mir immer wichtig gewesen, Liveaufnahmen zu bringen und deshalb war ich zu Demonstrationen, Pressekonferenzen, Veranstaltungen und anderen Ereignissen vor Ort gegangen. Egal wo, wann und wie, immer auf der Suche nach O-Ton - das war ich. Außer für Nachrichten aus aller Welt griff ich nie auf Agenturmeldungen zurück. Für mich war ein Tag ohne Live-Aufnahmen wie ein Tag ohne Sonne. Und ich liebte die Sonne (und liebe sie noch).

Mein MOVE-Mitschnitt war kurz und auch nicht besonders provokativ, es sei denn, man arbeitete zufällig für die *Philadelphia Tribune.* Umso entgeisterter war ich, als ich nach einem der stündlichen Nachrichtenblöcke plötzlich von einer mir bekannten Stimme angebrüllt wurde: „Mumia, solange du hier arbeitest, will ich nie wieder ein Wort von diesem MOVE-Quatsch auf meinem Sender hören!" Bevor ich ein Wort sagen konnte, hatte Wynn sich wieder umgedreht und stampfte wütend aus dem Nachrichtenstudio. Ich war erschüttert. Ich wartete bis zum Feierabend, bis Wynn sich wieder abgeregt hatte, um ihm die sich aufdrängende Frage zu stellen. Er seufzte so tief, daß es fast schon wieder nach einem Wutschnauben klang, doch dann erklärte er mir, was los war.

„Vor ein paar Jahren war ich Programmdirektor bei einem Sender oben in Chester. Ich moderierte damals genau wie heute eine Show. Ich hatte die glänzende Idee, diese Verrückten von MOVE zu einem Interview ins Studio einzuladen. Es war eine Katastrophe! Die haben die ganze Sendung geschmissen - sie beantworteten keine einzige Frage und ließen mich überhaupt nicht mehr zu Wort kommen! Sie redeten Stakkato, bam, bam, bam, bam, bam. Ich konnte meine eigene Sendung nicht mehr moderieren! Ich konnte in meiner eigenen Sendung nicht mal mehr was sagen! Für mich war die Sache gelaufen. Damals hab ich mir geschworen: nie wieder!“ Ich sah Wynn an, einen Mann, den ich als absolut aufrichtig und als einen der besten Lehrmeister in meinem Metier kennengelernt hatte. Ich schluckte meinen eigenen, nicht unbeträchtlichen Stolz herunter (für mich ging es hier um meine eigene Freiheit, nicht um die von MOVE) und hielt mich an sein Edikt. In meiner ganzen Zeit bei seinem Sender brachte ich nie wieder etwas über MOVE.

Als Leiter der Nachrichtenredaktion des Senders WHAT-AM war ich verantwortlich für die Morgenschicht, bildete neue Talente aus, organisierte Features für die Nachrichtensendungen und moderierte eine Wochenend-Show. Ich ging in meinem Job auf und arbeitete mit jugendlichem Enthusiasmus und viel Elan. 1975 kam Reverend Jesse Jackson mit seiner Show in die Stadt, und das schwarze christliche Philly brach in einen Sturm der Begeisterung für den „Country Preacher“ aus.

Die PUSH-Gruppe von Philadelphia (People United to Serve/Save Humanity) richtete eine nationale Tagung im Sheraton Hotel aus, und Hunderte standen Schlange, um hineinzukommen und Jackson zu hören. Die Veranstaltung sollte nicht nur live auf WHAT übertragen werden, sie sollte zeitgleich über ein Netzwerk von schwarzen Radiosendern in ganz Amerika empfangen werden können. Und der Moderator war - Mumia Abu-Jamal!

Ich war aufgeregt und ganz heiß darauf, tat aber so, als sei das gar nichts Besonderes für mich. Ich arbeitete mit den Toningenieuren, um die Technik und den Sendeablauf gut vorzubereiten. Trotz meiner Nervosität wußte ich, es würde alles klappen - und so war es dann auch. Alles lief wunderbar: Kommentare und Interviews, Gospelmusik und O-Töne aus dem Publikum und die Worte von Jesse Jackson selbst gingen reibungslos ineinander über. Ich war absolut stolz auf mich. Am zweiten Tag, ich war vor Sendebeginn gekommen, um alles vorzubereiten, traf ich vor dem Sheraton auf eine kleine Kundgebung. Alle aus der Gruppe trugen Bluejeans. Ihre Haare waren lang, verfilzt und ungekämmt. Sie waren von MOVE.

Delbert Africa machte Jesse über Megaphon die Hölle heiß. Andere MOVE-Leute hatten Plakate dabei. „Dieser dämliche Nigger-Arsch kriecht vor demselben System auf Knien, das ihn unterdrückt!" war darauf zu lesen. Immer wild auf einen Live-Mitschnitt, hängte ich mir mein treues Tonbandgerät um und ging auf Delbert zu. „Wenn Jesse Jackson eine Lösung hat, warum gibt er sie nicht an alle weiter und verkauft sie stattdessen für fünfundzwanzig Dollar pro Platz? Was ist mit den armen Leuten aus North Philly, warum müssen die ihren letzten Dollar hergeben - wenn'se überhaupt einen haben -, um sich diesen Nigger anzuhören?

John Africa lehrt uns, daß die Wahrheit nichts kostet, genausowenig wie die Luft, die wir atmen. Niemand darf sie verkaufen." Del redete weiter, wie es MOVE-Leute meist tun, wenn sie in Fahrt gekommen sind. Ich hatte reichlich Material, ging zum Aufzug und fuhr hoch zu Jacksons Hotelsuite. Der Reverend war fast ausschließlich von schwarzen Zivilpolizisten umgeben, die für seinen Personenschutz abgestellt waren.

Er war wie immer zu einem Interview bereit, und ich fragte ihn, was er von der Demonstration draußen hielte. Der Reverend sah mich an, als ob ich chinesisch spräche, und verzog spöttisch sein sonst so nettes Gesicht. „Ich habe ein Programm für die Schwarzen in den Vereinigten Staaten, junger Mann", sagte er, „ein *Programm!* Wer schert sich schon um eine Handvoll ungewaschener, dreckiger Nigger, die sich die Haare nicht kämmen?" Ich Idiot hatte mein Sony abgeschaltet. Ich schaltete es ein und wollte mehr hören. „Kein Kommentar", meinte Jackson diesmal, und die Polizisten im Zimmer(mit und ohne Uniform) lächelten nur.

Nachdem ich Jesse Jacksons ehrliche, aber inoffizielle Meinung gehört hatte, fehlte mir an diesem Morgen irgendwie die rechte Lust zu meiner Berichterstattung über die PUSH-Tagung. Als ich das Hotel verlassen hatte, mischte ich mich wieder unter die Demo. Diesmal agitierte Delbert nicht die Allgemeinheit, sondern zwei große schwarze Männer, die ich oben in der Hotelsuite schon einmal gesehen hatte. Sie forderten Delbert Africa auf, sich mitsamt Megaphon und

Demonstration vom Hotel zu entfernen. Delbert belehrte sie gerade über die Redefreiheit (die für MOVE kein Verfassungs-, sondern ein Menschenrecht ist). Redefreiheit gäbe es einen Block weiter in rauhen Mengen, sagten die beiden Männer, und dann machten sie den Fehler, Delbert anzufassen. Fäuste flogen, ein Megaphon flog durch die Luft, Blut spritzte. Das könnte Stoff für eine Meldung sein. Ich drückte den Aufnahmeknopf und stürzte mich, Schlägen ausweichend, ins Getümmel.

Innerhalb von Minuten war das Zivilfahndungskommando vor Ort. Jesses Bodyguards wurden zur Behandlung von Platzwunden und Prellungen weggebracht, Delbert und die anderen Männer von MOVE aber in Handschellen abgeführt. Die ganz offensichtliche Ungerechtigkeit der ganzen Geschichte und die Gleichgültigkeit der Schaulustigen, die sich schnell versammelt hatten, stießen mich ab. Aber ich hatte meine Story. Ich brachte sie am Abend als Aufmacher. Das Stöhnen, Fluchen, Rufen, Kreischen und Schreien (ich habe immer gesagt, daß MOVE einen tollen O-Ton bringt) war fast so gut, wie selbst dabeigewesen zu sein.

Nach der Sendung kam mein Chef mit sehr ernstem Gesicht ins Studio. Ich konnte mir schon denken, was er sagen wollte.

„Mumia, das Management will dein Band mit der Demonstration und der Schlägerei haben."

„Bernie, das kann ich nicht zulassen. Als ich angefangen habe, für dich zu arbeiten, hab ich versprochen, mein

Bestes zu geben und die Wahrheit in den Nachrichten zu verbreiten. Und du hast versprochen, mir den Rücken zu decken."

„Das versteh' ich ja, Mumia. Aber unser Sender ist Mitveranstalter der PUSH-Tagung. Sie wird von uns live im ganzen Land ausgestrahlt. Wir tragen Verantwortung dafür, daß die Sache ein Erfolg wird."

„Das sehe ich auch so, aber laß mich noch das eine sagen: War das, was passiert ist und was ich gesendet habe, etwa nicht die Wahrheit? Und haben die Hörerinnen und Hörer von WHAT nicht Anspruch auf die Wahrheit?"

Bernie guckte mich von der Seite an und lächelte zögerlich - sein „Das-hast-du-ja-schlau-eingefädelt,-alter-Fuchs"-Lächeln. Doch dann zog ein breites Grinsen über sein Gesicht.

„Du hast recht, Mumia. Ich werde mich beim Management für dich einsetzen. Du hast deinen Job gut gemacht."

In diesem Moment war ich unglaublich stolz auf diesen Mann und den Beruf, den ich gewählt hatte. Er hätte mich genausogut auch rausschmeißen können. Und Jesses Worte verfolgten mich: „Wer schert sich schon um eine Handvoll ungewaschener, dreckiger Nigger, die sich die Haare nicht kämmen?"

Ich.

Schwarze Radiosender fungieren als inoffizielles Zulieferersystem für die weißen Fernseh- und Radiosender. Sie sind ein Testgelände, auf dem Talente erprobt, weißgebleicht und anschließend zum Verkauf auf dem großen Markt konsumgerecht verpackt werden. Als ich Moores Sender verließ, war auch ich auf diesem Weg. Ich war auf dem Mutual Black Network zu hören, bei National Public Radio (NPR) und bei Associated Press. Ich gefiel mir selbst als ein unabhängiger, freier Reporter, und tatsächlich war ich auch unabhängiger als die meisten anderen. Ich übernahm nie eine Story von den Agenturen, solange ich sie selbst schreiben konnte.

Ich war stolz auf meine Unabhängigkeit und brachte darum jede Story, auch MOVE. MOVE war bei den schwarzen Journalisten nicht beliebter als bei den weißen, vielleicht sogar noch weniger. Ihre filzigen Dreadlocks, ihr aggressives Auftreten und ihr naturalistischer Lebensstil paßten einfach nicht in das Klischee des pomadegeglätteten „guten Niggers", das die Medien suchten, und die meisten schwarzen Reporter hielten sich auf Distanz. Ich versuchte einfach nur, objektiv zu sein. Wobei ich MOVE allerdings nicht großartig hinterherlaufen mußte. Das war nicht nötig.

Alles änderte sich, als ich 1975 einen Artikel in der Zeitung las. Er berichtete über einen nächtlichen Polizeiüberfall auf eine Zusammenkunft von MOVE-Leuten in West Philly. Mehrere MOVE-Männer, soeben den Gefängnismauern entronnen (sie standen in ständigem Konflikt mit dem Establishment), waren zu früher Stunde nach Hause zurückgekehrt. Sie umarmten und küßten ihre Frauen und Kinder, und bald war die Straße vom Lärm einer innigen Wiedersehensfeier erfüllt.

Angeblich auf Beschwerden der Nachbarn hin kreuzten dann knüppelschwingende Cops auf. Einige Männer von MOVE wurden verprügelt, andere festgenommen. MOVE warf der Polizei Brutalität vor. Die Cops leugneten natürlich. Das kannte man schon. Die MOVE-Leute behaupteten sogar, daß die Polizei ein Baby umgebracht hätte. Die Cops wiederum beschuldigten MOVE zu lügen. Immer dasselbe. Lügen von den Cops. Riesenmedienspektakel von MOVE. Aber Mumia war kein naiver Anfänger. Ich wußte zuviel, um einer der beiden Seiten zu glauben.

MOVE rief bei mir an, um mich zu einer Pressekonferenz einzuladen. Ich lehnte freundlich ab und antwortete der MOVE-Sprecherin, Louise Africa, daß ich zu viel zu tun hätte. Sie nannte mich einen Lügner. Ich brauste wütend auf: „Ich habe für diesen Scheiß keine Zeit!" „Dann nehmen Sie sich Zeit! Das hier ist kein Spiel! Hören Sie auf, herumzulügen und sagen Sie mir endlich, warum Sie nicht kommen!" war ihre Antwort. Jetzt platzte mir endgültig der Kragen. Noch nie hatte ich irgendwo gehört, daß eine Gruppe einen Journalisten einen Lügner nannte und ihn beschimpfte, weil er nicht zu ihrer Pressekonferenz erscheinen wollte. Ich war selten so wütend gewesen und legte einfach den Hörer auf. Damit war der Fall für mich erledigt. Ihre Pressekonferenz lief ohne Mumia.

Zwei Tage später griff ich am Zeitungskiosk nach einer Ausgabe der *Philadelphia Tribune.* Der Artikel berichtete über die Pressekonferenz, doch das Foto unten auf der Seite sagte mehr als tausend Worte.

Ein grobkörniges Schwarzweißfoto von einem hellhäutigen schwarzen Baby, einem Jungen, dessen kleiner, mit Blutergüssen übersäter Körper zwischen Obst und Süßkartoffeln in einer Pappkiste lag. Den kannte ich doch!

Ich muß das Foto zwanzigmal angestarrt haben.

Er sah fast so aus, als würde er schlafen. Der Tod gab ihm etwas Friedliches.

Ich stieß Flüche gegen mich selber aus. Wieder und wieder. Mein Wutausbruch am Telefon fiel mir wieder ein. Ich dachte an meinen Sohn, der ungefähr so alt war wie Life Africa. Ich weinte heiße Tränen vor Scham. Dann verfluchte ich mich noch eine Zeitlang und ging wieder an die Arbeit.

Nach dem Tod von Life Africa legte MOVE ein immer militanteres Verhalten an den Tag. Immer häufiger hatten sie Zusammenstöße mit der Polizei, immer aggressiver beharrten sie auf ihren Rechten und ihrer Art zu leben.

Am 20. Mai 1977 erreichte diese Entwicklung einen Höhepunkt. Männer und Frauen von MOVE wurden bewaffnet und uniformiert auf einem Holzpodest vor ihrem Hauptquartier in Powelton Village, West Philly, gesichtet. Sie trugen Schrotgewehre, halbautomatische Waffen und dunkle Khakiuniformen... bewaffnete Schwarze! Nigger mit Kanonen!

Die Stadt flippte aus. Fotos auf den Titelseiten, Fernsehübertragungen live - seit den Zeiten, als die Panthers die Straßen von Sacramento durchstreiften, hatte keine Schwarzenorganisation mehr die Phantasie der Leute mit so unverhohlener Militanz gefesselt.

„Wir haben es satt, uns zusammenschlagen, uns die Knochen brechen und unsere Babys umbringen zu lassen. Das System wird uns nicht mehr ungestraft angreifen. Ab heute wehren wir uns." Im Gegenzug postierten die Cops Scharfschützen in der ganzen Nachbarschaft. Bürgermeister Frank Rizzo, der frühere Polizeichef, gab den Befehl: „Aushungern!" Im Rahmen der paramilitärischen Aktion wurde das Viertel so abgeriegelt, daß niemand mehr hinein- oder hinauskonnte, ohne von der Polizei durchsucht zu werden. Sogar alteingesessene Bewohner des Viertels mußten ihre Ausweise vorzeigen, um in ihr eigenes, abgeschottetes Viertel hineinzukommen. Die Spannung wuchs. Die Gemüter erhitzten sich. Wie durch ein Wunder fiel aber kein einziger Schuß.

In dieser Zeit wurde MOVE immer stärker zu einer Organisation von Schwarzen. Die weißen Mitglieder, wie auch einige Mitglieder spanischer oder asiatischer Herkunft, wurden durch die starke Polizeipräsenz abgeschreckt. Die meisten Schwarzen blieben jedoch standhaft, trotz der ständigen Überwachung, den über Monate auf sie gerichteten, schallgedämpften Gewehren und der böse durch ihre Visiere starrenden Polizeibeamten. Die Belagerung hatte sich bereits über ein Jahr hingezogen, als MOVE einem Polizisten die Durchsuchung ihres Hauptquartiers mit einem Metallsuchgerät erlaubte. Das Gebäude wurde für „waffenfrei" erklärt.

Solcherart ermutigt, ließ Rizzo die Belagerung beenden - mit Waffengewalt. Am Morgen des 8. August 1978, noch vor Tagesanbruch, war ein Schuß zu hören. Nach Worten des damaligen KYW-Reporters Paul Bennet (heute Redakteur bei der *Tribune)* kam der Schuß von der anderen Straßenseite, nicht von MOVE. Aber egal. Der Haß der Polizei, der sich fünfzehn Monate lang aufgestaut hatte, entlud sich blitzkriegartig in einem Kugelhagel. Reporter und Feuerwehrleute konnten sich gerade noch zu Boden werfen.

Um die Mittagszeit herrschte wieder Ruhe im Viertel. Ein Cop lag leblos am Boden. Delbert Africa wurde mit Fäusten und Füßen fast bewußtlos geschlagen und getreten. Man hängte zehn MOVE-Leuten eine Mordklage an. Ich nahm an Rizzos Pressekonferenz teil. Bill Baldini, ein Reporter von WCAU-TV, riskierte die Frage, ob einzelne Verhaftete geschlagen worden seien und wurde dafür vom Polizeipräsidenten gnadenlos abgekanzelt und Lügner genannt (WCAU-TV hatte jedoch alles auf Video festgehalten). Daß Beamte logen, war aber nichts Ungewöhnliches in Philly. Und das ist es bis heute nicht.

Eines schönen Tages kam ich auf dem Weg zur Arbeit an einem langsam dahinrollenden Streifenwagen vorbei. Ich schaute den Fahrer an, einen Weißen - braunes Haar, dunkle Sonnenbrille. Er „lächelte“ mich an, hielt seine Hand aus dem Wagenfenster, richtete den Zeigefinger auf mich und zog dabei den Daumen wie den gespannten Hahn eines Revolvers zurück. Bang - bang - bang... - der Finger schlug nach hinten zurück wie vom Rückstoß. Nachdem er noch stilvoll nach Cowboyart den Rauch aus der Mündung gepustet hatte, steckte er den Revolver in sein unsichtbares Halfter zurück. Gelächter von Cop und Kumpel im Wagen. Wagen rollt weiter. Toller Gag, dachte ich mir im Stillen, während ich gerade ein Interview mit drei als *Pointer Sisters* bekannten Frauen aus der Post-*Salty-Peanuts*-Phase abtippte. Ich hatte allerdings Schwierigkeiten, mich zu konzentrieren. Vor meinen Augen sah ich immer nur einen auf mich zeigen. Und das waren nicht die drei glitzernden *Pointer Sisters.*[107a]

> »Am 9. Dezember 1981 versuchte die Polizei, mich auf offener Straße hinzurichten. Der gegen mich gerichtete Prozeß ist die Konsequenz ihres Scheiterns bei diesem Versuch. Genauso wie die Polizei an jenem 8. August 1978 versuchte, meine Brüder und Schwestern aus der Familie Africa zu töten.[108]«

Mir ist, als würde ich schlafen.

Zumindest dieses matte Gefühl wie von Schlaf spüre ich, alles andere nicht. Die Zeit scheint langsamer zu verstreichen, fließt leichter dahin, weniger drängend. Ich fühle mich merkwürdig schwerelos. Ich sehe nach unten und registriere einen Mann, der mit zur Brust herabhängendem Kopf und niedergeschlagenem Blick auf dem Bordstein zusammengesackt ist. „Verdammt! Das bin ich ja selber!" durchzuckt mich ein Schock des Wiedererkennens.

Ein Polizist nähert sich dem Mann und tritt ihm ins Gesicht. Ich merke es, spüre aber keinen Schmerz. Drei andere Cops schließen sich dem Tanz an und treten und prügeln auf die hingefallene, in Handschellen gelegte blutige Gestalt ein. Zu zweit greifen sie je einen der Arme, ziehen den Mann hoch und rammen seinen Kopf gegen einen eisernen Pfahl. Er stürzt zu Boden.

„Daddy?"

„Was denn, Babygirl?"

„Warum schlagen diese Männer dich so?"

„Ach, das ist schon okay, Babygirl, ich bin okay."

„Aber warum, Daddy? Warum haben sie auf dich geschossen, und warum schlagen und treten sie dich, *Abu?*"

„Darauf hatten sie's schon lange abgeseh'n, mein Kind, aber keine Angst, dein Daddy ist okay. Guck mal, ich spüre es ja noch nicht mal!"

Das pausbäckige Kindergesicht geht langsam in das Gesicht eines alten Mannes mit breiter Nase über, mit Goldzähnen, spärlichem, grauen Haar, fast kahlköpfig, mit dunkelbrauner Haut wie aus Leder und sympathisch wirkenden Falten.

„Junge, alles in Ordnung?"

„Ja, Dad, alles okay."

„Ich liebe dich, mein Junge."

„Ich liebe dich auch, Daddy."

Das „Ich liebe dich“ hallt wider wie eine Rückkopplung, dröhnt durcheinander wie tausend Stimmen, und in die abklingenden Dissonanzen hinein erscheinen Gesichter von Frau, Mutter, Kindern, alte Gesichter aus dem tiefen Süden, noch ältere Gesichter aus ... Afrika? Liebevolle, warme, dunkelhäutige Gesichter rauschen, jagen, rasen an mir vorbei. Ich komme wieder zu Bewußtsein und finde mich in Handschellen, mein Atem süß vom schweren, eisernen Geschmack des Blutes, um mich herum Dunkelheit.

Ich liege auf dem Boden des Gefangenentransporters, und dem anonymen Krächzen des Funkgerätes entnehme ich, daß ich mich auf dem Weg zum ein paar Blocks weiter gelegenen Polizeipräsidium befinde.

Ich fühle keine Schmerzen... nur den allgegenwärtigen Druck, der jeden blutdurchtränkten Atemzug zur Schwerstarbeit macht.

Das altersgezeichnete Gesicht meines Vaters fällt mir wieder ein; ich wundere mich über diese klare Erinnerung, da sein Tod schon mehr als zwanzig Jahre zurückliegt.

Ich bin auf direktem Weg zum Polizeipräsidium, wahrscheinlich auf dem Weg in den Tod.

Über den Autor

Mumia Abu-Jamal wurde am 24. April 1954 in Philadelphia geboren und auf den Namen Wesley Cook getauft. Schon als Jugendlicher nahm er einen anderen Vornamen an, nachdem sein Suahelilehrer an der Highschool, der aus Kenia stammte, allen seinen schwarzen Schülern afrikanische Namen gegeben hatte. Später änderte er auch seinen Nachnamen auf arabische Art und nannte sich Abu-Jamal - Vater („Abu") seines erstgeborenen Sohnes Jamal.

Als er am 9. Dezember 1981 festgenommen und des Mordes an dem Polizeibeamten Daniel Faulkner aus Philadelphia angeklagt wurde, war Mumia Abu-Jamal seit Anfang der siebziger Jahre als Journalist in Philadelphia tätig. Er war Präsident der Ortsgruppe der Association of Black Journalists und für seine Arbeit mit dem Peabody Award ausgezeichnet worden. Die Zeitschrift Philadelphia Magazine bezeichnete ihn in ihrer Januarausgabe von 1981 wegen seines journalistischen Talents als einen Mann, „auf den man 1981 sein ganz besonderes Augenmerk richten sollte". Durch seine engagierte Berichterstattung im National Public Radio, Mutual Black Network, National Black Network und in seiner eigenen Talkshow auf WUEY-FM hatte er sich als „Stimme der Unterdrückten" einen Namen gemacht.

Seit seiner Jugend war Mumia politisch aktiv. Im Alter von vierzehn Jahren wurde er verprügelt und festgenommen, als er während des Präsidentschaftswahlkampfes gegen eine Wahlveranstaltung des rechten George Wallace protestierte. Im Herbst 1968 trat er dem Zweig der Black Panther Party von Philadelphia als Gründungsmitglied und Leiter der Informationsabteilung bei. Im Sommer 1970 arbeitete er in der Redaktion der Parteizeitung The Black Panther im kalifornischen Oakland und kehrte kurz nach den Polizeirazzien gegen alle drei Büros der Black Panther Party in Philadelphia in seine Heimatstadt zurück.

Nach dem Niedergang der Black Panthers und der Protestbewegungen entwickelte Mumia Abu-Jamal aus dem journalistischen Handwerk, das er als Redakteur der Panther-Zeitung erlernt hatte, einen Beruf und eine Berufung: Er wurde ein gefeierter und beliebter Radiojounalist und weit über seine Heimatstadt Philadelphia hinaus bekannt. Er veröffentlichte einige Beiträge, in denen er das Philadelphia Police Department und die Stadtverwaltung unter Bürgermeister Rizzo, einem Ex-Streifenpolizisten, scharf kritisierte. Dadurch wurde er auch in diesen Kreisen zu jemandem, auf den man „sein ganz besonderes Augenmerk" richtete. Er trat weiter mutig gegen Rassismus und politische Unterdrückung auf. Sein unermüdliches, wortgewandtes Eintreten für MOVE führte dazu, daß er als Journalist Schwierigkeiten bekam und sich um eine Nebenbeschäftigung kümmern mußte. In der Folge arbeitete er zweimal pro Woche nachts als Taxifahrer, um seine Familie ernähren zu können.

Seine Gegner im Staatsapparat schossen sich auf ihn ein und warteten auf eine Gelegenheit, ihn aus dem Verkehr ziehen zu können. In der Nacht des 9. Dezember 1981 klappte es, als Mumia seinem Bruder zu Hilfe kommen wollte, der von einem Polizisten der als rassistisch berüchtigten „Männer in Blau" mißhandelt wurde. Schüsse fielen, Mumia wurde schwer verletzt, der Polizist, der ihn niedergestreckt hatte, starb an der Schußverletzung, die ihm ein Fremder beigebracht hatte, der unerkannt entkam. Doch Mumia wurde als Täter verhaftet, weil seine Person in das Schema von „schwarzer politischer Gewalttäter erschießt weißen Ordnungshüter" paßte.

Bereits nach sechs Monaten stellte man ihn vor Gericht; am 3. Juli 1982 wurde er des Mordes schuldig gesprochen und zum Tode verurteilt. Den Vorsitz im Prozeß hatte der wegen seiner häufigen Todesurteile berüchtigte Richter Albert Sabo.

Jamals Berufungsantrag an den Obersten Gerichtshof von Pennsylvania, das höchste Staatsgericht des Bundesstaates, wurde im März 1989 abgelehnt, die Überprüfung seines Urteils durch das Oberste Bundesgericht der USA in Washington nicht zugelassen.

Dreizehn Jahre verbrachte Mumia im Todestrakt des Gefängnisses von Huntingdon und wurde dann 1995 in das neugebaute Hochsicherheistgefängnis Greene County im südwestlichsten Zipfel Pennsylvanias verlegt.

Kurze Zeit später unterschrieb der neue Gouverneur von Pennsylvania, der Republikaner und hochdekorierte Vietnamkriegsveteran Thomas Ridge, den ersten Hinrichtungsbefehl gegen Mumia Abu-Jamal. Als Hinrichtungstermin wurde der 17. August 1995 festgesetzt. Ridge, der durch die illegale Öffnung der Anwaltspost von den geplanten Schritten der Verteidiger wußte, war damit dem kurze Zeit später gestellten Antrag auf Wiederaufnahme des Verfahrens zuvorgekommen. Jamal und sein nur aus Spendenmitteln finanziertes Verteidigungsteam rügten darin zweiundzwanzig Verletzungen von Grund- und Verfahrensrechten, zu denen es im ersten Prozeß gekommen war. Ziel der Wiederaufnahme des Verfahrens ist es, die Unschuld Jamals zu beweisen und das Todesurteil aufzuheben.

Nur wenige Tage vor dem Hinrichtungstermin, am 10. August 1995, wurde schließlich der Hinrichtungsbefehl ausgesetzt, bis die Gerichte über den Wiederaufnahmeantrag entschieden haben. Richter Sabo lehnte den Antrag in erster Instanz erwartungsgemäß ab. In der Folgezeit gelang es der Verteidigung, in mühsamer Kleinarbeit weitere entlastende Beweise aufzuspüren. Stärkstes Argument für die Dringlichkeit eines neuen Prozesses ist die Tatsache, daß zwei ehemalige Belastungszeuginnen ihre Aussagen mittlerweile öffentlich zurückgenommen und bestätigt haben, daß sie diese Aussagen nur auf massiven Druck durch Polizeibeamte hin gemacht haben. Diese neuen Aussagen liegen zusammen mit der Berufung im Wiederaufnahmeantragsverfahren mittlerweile zur Überprüfung bei Bundesbezirksrichter Yohn in Philadelphia. Yohn ist die letzte Instanz, die durch eine gerichtliche Anhörung dafür sorgen kann, die entlastenden Beweismittel in die Prozeßakten einzuführen.

Von seiner Zelle aus wirkte Mumia Abu-Jamal während all dieser Jahre als Journalist; seine Beiträge erschienen in über 40 Zeitungen in den Vereinigten Staaten und Europa. In Deutschland veröffentlicht die Tageszeitung *junge Welt* regelmäßig in ihrer Samstagsausgabe eine Kolumne von Mumia Abu-Jamal.

Seine ehemals im Sendeplan von National Public Radio für die Sendung „All Things Considered“ vorgesehenen Beiträge mit dem Titel „Live from Death Row“ waren 1993 überraschend kurzfristig aus dem Programm genommen worden. Diese Kommentare beschreiben das Leben hinter den Gittern von Huntingdon und sind der Inhalt des hier vorliegenden ersten in deutscher Sprache erschienen Buches „...aus der Todeszelle”. Die Tatsache, daß der Sender unter Druck gesetzt worden war, löste eine heftige Kontroverse aus und führte in den USA zu intensiven Auseinandersetzungen über die Zensur und die Todesstrafe. Die engagierte New Yorker Literaturagentin Frances Goldin sorgte dafür, daß diese Beiträge, ergänzt durch ältere und neuere Essays, 1995 im Verlag Addison-Wesley erscheinen konnten. So wurde Mumia Abu-Jamal auch zum international beachteten Buchautor, der 1997 mit „Death Blossoms” (deutscher Titel: „Ich schreibe um zu leben”) sein zweites Buch vorlegte.

Als drittes Buch (mit CD) erschien im Mai 2000 in den USA „All Things Censored", das im wesentlichen aus den Texten der beiden anderen Bücher besteht, die um wenige neue Kolumnen und ein Vorwort von Alice Walker ergänzt wurden.

Mit der Biographie „on a move", die Terry Bisson im Februar 2001 über Mumia Abu-Jamal vorlegte, gibt es endlich die autorisierte Lebensgeschichte des Mannes, der heute für viele zu einem Symbol für den Kampf aufrechter Menschen um ein freies Leben geworden ist.

Anmerkungen

[1] Huey P. Newton, Revolutionary Suicide, New York 1973.

[2] Anm. d. Übers.: Eternal Tribe, etwa „ewiger“ oder „immerwährender Stamm“, bezieht sich auf den ersten Menschenstamm in Afrika und auf die über den Atlantik verschleppten afrikanischen Sklavinnen und Sklaven.

[3] Anm. d. Übers.: Turner führte am 21. August 1831 eine bewaffnete Sklavenrevolte in Virginia an, die militärisch niedergeschlagen wurde; Turner wurde hingerichtet.

[4] Anm. d. Übers.: Das himmlische Horn; Wortspiel, das sich einerseits auf den Erzengel Gabriel bezieht, der nach der Überlieferung auf Gottes Befehl hin „das Horn blies“ (das Horn der Freiheit), andererseits auf Gabriel Prosser, der am 30. August 1800 in Virginia einen Sklavenaufstand anführte und dafür hingerichtet wurde.

[5] Anm. d. Übers.: Ort einer entscheidenden Schlacht zwischen Zulus und der britischen Kolonialarmee, wo die Armee der Zulu unter König Cetshwayo die Briten 1879 vernichtend schlug.

[6] Anm. d. Übers.: Slang für „all of them“, also alle MOVE-Mitglieder.

[7] Anm. d. Übers.: Engl. für „Knast-Anwalt“; Gefangene, die sich im Gefängnis rechtskundig gemacht haben und für sich und andere Gefangene Anträge, Beschwerden etc. schreiben, Rechtsberatung machen usw.

[8] Anm. d. Übers.: Mündliche Überlieferer afrikanischer Geschichte.

[9] Anm. d. Übers.: Arabisch „Ibn“ für „Sohn“, „Binta“ für „Tochter“, das „Abu“ in Mumia Abu-Jamals Namen steht für „Vater“.

[10] Quelle: Pennsylvania Department of Corrections, Persons in the State Correctional System Sentenced to Execution, 20. Dezember 1994.

Notiz: Im Dezember 1994 begann das Pennsylvania Department of Corrections mit der Verlegung von Todestraktgefangenen in das neue Hochsicherheitsgefängnis SCI Greene County im Westen Pennsylvanias, in dem nach und nach die Mehrheit der zum Tode Verurteilten dieses Bundesstaates untergebracht werden sollen. Mumia Abu-Jamal wurde am 13. Januar 1995 von Huntingdon nach dort verlegt.

[11] Black Panther Party for Self-Defense; Literaturhinweis: Demny, Oliver: Die Wut des Panthers - Die Geschichte der Black Panther Party, Münster 1994; Agipa-Press (Hrsg.): Comrade George & Attica, Band 1. Der Mord an George Jackson und die schwarze Gefangenenbewegung in den USA, Bremen 1991; Shakur, Assata: ASSATA - Eine Autobiographie aus dem schwarzen Widerstand, Bremen 1991; beide im Atlantik Verlag, Bremen.

[12] *Dred Scott vs. Sanford*, 19 U.S. (How.) 393, 407, 15 L. Ed. 691 (1857).

[13] Anm. d. Übers.: Zur näheren Erläuterung siehe „The American Way of Death", Jürgen Heiser, in: „free mumia", Atlantik 2001.

[14] Anm. d. Übers.: Drei schwarze Männer und eine Frau, die von weißen Polizisten bei verschiedenen Kontrollen und Hausdurchsuchungen erschossen wurden.

[15] Death Row USA, NAACP Legal Defense and Education Fund, Herbst 1994.

[16] Pennsylvania Department of Corrections, Persons in the State Correctional System Sentenced to Execution, December 1994.

[17] Census Profile Race and Hispanic Origin. Profile No. 2, June 1991. Bureau of Census, U. S. Department.

[18] D. Kairys, Legal Reasoning of Law, D. Kairys, ed. 1982 24, 16-17. From Foley, M.A. Critical Legal Studies 91 Dickinson Law Review 467, at 473 (Winter 1986). Abwandlung eines Zitats des preußischen Generals von Clausewitz: „Der Krieg ist die Fortsetzung der Politik mit anderen Mitteln".

[19] *Dred Scott vs. Sanford* 19 U.S. (19 How.) 393, 15 L. Ed. 691 (1817).

[20] Pressekonferenz von Richter Marshall am 28. Juni 1991 zu seinem Rücktritt vom Richteramt im Obersten Bundesgericht der USA, Transkript des Federal News Service.

[21] Ophrah Winfrey, Showmasterin einer Fernseh-Talkshow; O.J. Simpson; Maya Angelou Make, afroamerikanische Autorin und Literaturnobelpreisträgerin.

[22] Reflections on the Guillotine, in: Resistance, Rebellion, and Death, posthume Sammlung von Essays in der Übersetzung von O'Brien, 1961, S. 199.

[23] Anm. d. Übers.: „Native Americans" bezeichnet die Urbevölkerung „indianischer" Abstammung in Nordamerika.

[24] Statistiken auf dem Stand von Januar 1991. Im Oktober 1994

saßen in den Vereinigten Staaten 2948 Menschen in Todeszellen ein. Den größten Todestrakt besitzt Kalifornien (396), gefolgt von Texas (390), Florida (349) und Pennsylvania (168). Die Angaben sind *Death Row USA*, NAACP/Legal Defense and Education Fund, Fall 1994, entnommen.

[25] Johnson & Carroll: Litigating Death Row Conditions: The Case for Reform, in: Prisoners and the Law, 8-3, 8-5; I. Robbins ed. 1988; es wird zitiert aus R. Johnson, Death Row Confinement: The Psychological and Moral Issues 5 (unveröffentlichte Abhandlung, präsentiert bei einem Kolloquium über die Todesstrafe an der Towson State University am 10. März 1983).

[26] Anm. d. Übers.: Berüchtigtes Hochsicherheitsgefängnis nördlich von San Francisco, zu erreichen über die Golden Gate Bridge.

[27] *Rhem vs. Malcolm*, 371 F. supp. 594 (1974); alle Zitate übersetzt nach Originalwortlaut.

[28] Johnson & Carroll, op. cit.

[29] *McCleskey vs. Kemp*, 481 U. S. 279 (1987).

[30] „The Baldus Study", Baldus, Pulaski and Woodworth, Comparative Review of Death Sentences: An Empirical Study of Georgia Experience, 74 J. Crim. L. and C. (1983).

[31] I. Dunne, The Supreme Court's Decisions, in: Mr. Dooley on the Choice of Law 47, 52 (E. Bander ed. 1963); Sammlung von Zeitungsessays aus der Zeit der Jahrhundertwende. Anm. d. Übers.: Mr. Dooley ist die Figur eines irischstämmigen Gastwirts aus den Gesellschaftssatiren von Finley Peter Dunne (1867-1936), der zeitgenössische Ereignisse kommentiert.

[32] Aus Richter William Brennans Minderheitsvotum im Fall *McCleskey vs. Kemp*, 481 U.S. 279 (1987), wortwörtliches Zitat aus der Stellungnahme.

[33] Zitat im Originalwortlaut von Richter Powell im Fall *McCleskey vs. Kemp*

[34] Anm. d. Übers.: Medgar Evers war *field secretary* der NAACP und organisierte in Mississippi die Einschreibung der Schwarzen in Wählerlisten. 1963 wurde er bei dieser Arbeit ermordet.

[35] Anm. d. Übers.: In dieser Kleinstadt in Arkansas schürte weißer Mob Rassenunruhen, um zu verhindern, daß schwarze und weiße Kinder gemeinsam in Schulen unterrichtet werden. Die schwarzen Kinder konnten die Schulen nur unter dem Schutz von Polizei und Nationalgarde betreten.

[36] Anm. d. Übers.: Im Mai 1963 führten von Martin Luther King organisierte Demonstrationen schwarzer Arbeiter in Birmingham, Alabama, zu heftigen Kämpfen mit der Polizei. Im September 1963 wurde in Birmingham ein Bombenattentat (daher der Spitzname „Bombingham") auf die Kirche einer schwarzen Gemeinde verübt, bei dem vier Mädchen getötet wurden. Zwei weitere Kinder wurden kurz darauf erschossen.

[37] Anm. d. Übers.: Schauplatz der Ermordung Martin Luther Kings 1968.

[38] Delbert Tibbs: From Seminary to Cell Block, aus: A Saga of Shame: Racial Discrimination and the Death Penalty, 16, 17; eine Publikation des Quixote Center, 1989.

[39] Richter William Brennans abweichendes Minderheitsvotum im Fall *McCleskey vs. Kemp*. 481 US 279 (1987); Zitat übersetzt nach Originalwortlaut.

[40] Anm. d. Übers.: Das Oberste Bundesgericht der USA setzte die Todesstrafe von 1972 bis 1976 aus.

[41] Eine gesetzliche Verfügung, wonach jeder, der auf ungesetzlicher Basis inhaftiert ist, bei jedem Staats- oder Bundesgericht beantragen kann, ihm seine Freiheit wiederzugeben. Ein Mittel, durch das Gefangene in Staatsgefängnissen Verletzungen ihrer Verfassungsrechte vor Bundesgerichte bringen können.

[42] Genau im Jahr des Furman-Urteils, d. h. 1972, wurde die Todesstrafe in den USA ausgesetzt.

[43] *Furman vs. Georgia*, 408 US 238 (1972); Verhängung und Ausführung der Todesstrafe in Fällen, die noch vor Gericht verhandelt werden, stellen eine „grausame und ungewöhnliche" Bestrafung dar, die gegen den 8. und 14. Zusatzartikel der amerikanischen Verfassung verstoßen.

[44] Breslin: State Shouldn't Be in the Killing Business, The Sunday News (Lancaster, PA), March 20, 1988, A15

[45] Anm. d. Übers.: „Beruhigungszellen" für Einzelhaft, die bis auf eine Matratze und ein Loch im Boden völlig leer sind, also keine Toilette, keine Pritsche oder dergleichen.

[46] Name geändert; Zitate und Fakten entsprechen den tatsächlichen Ereignissen.

[47] *Peterkin vs. Jeffes*, 661 F Supp . 895 (E. D. Pa. 1987) or 885 F.2d 1021 (3rd. Cir. 1988).

[48] *Atiyeh vs. Capps*, 449 U. S. 1312, 66 L. Ed. 2d 785.

49 Voller Zitatwortlaut: „sich beständig weiterentwickelndes moralisches Niveau, das den fortschreitenden Reifeprozeß einer Gesellschaft kennzeichnet". *Trop vs. Dulles*, 356 U.S. S. Ct., 86 101, 78 S. Ct. 590, 598, 2. L.Ed. 2d. 630 (1958).

50 Adler, Renata: The New Republic, „The Bork-Rehnquist Poison", Sept, 14-21, 1987, p. 45

51 Anm. d. Übers.: Für den Begriff *Community* gibt es keine passende und allgemeingültige Übertragung ins Deutsche. Die gebräuchliche Übersetzung als „Gemeinde" ist unzureichend. Der Begriff bezieht sowohl den räumlichen Wohn- und Lebensbereich mit ein, als auch die unter spezifischen Entwicklungsbedingungen in den USA entstandene Vermittlungsinstanz zwischen Familie und Gesellschaft. Die *Community* prägt das öffentliche und private Leben. „Black community" als stehender Begriff meint nicht nur die Schwarzen als ethnische, soziale und kulturelle Bevölkerungsgruppe der USA, sondern bezeichnet auch die spezifische Struktur dieser Gruppe als schwarze Gemeinschaft.

52 *McCleskey vs. Kemp*, 481 US. 279 (1987); Zitat übersetzt nach Originalwortlaut.

53 Definition einer zur Aussprache eines Todesurteils qualifizierten Jury: Zu ihrer ordnungsgemäßen Aufstellung muß die Jury eines Geschworenengerichts in der Lage sein, die vom Gesetz vorgesehenen Strafen, wie z. B. die Todesstrafe, zu verhängen; infolgedessen können Personen, die sich nicht in der Lage sehen, für die Todesstrafe zu stimmen, auch nicht für die Jury eines Geschworenengerichts aufgestellt werden, das über einen Kapitalverbrechensfall entscheidet. Diese Jurys sind daher immer der Strafverfolgung, der Verurteilung und der Todesstrafe gegenüber positiv eingestellt.

54 Burt, Robert A.: *Disorder in the Court: The Death Penalty and the Constitution*; 85 Mich. L. Rev. 1798 (Aug. 1987). Ein Rechtswissenschaftler der Yale University analysiert die Konsequenzen des *McCleskey*-Verfahrens vor dem Hintergrund des Falls *Lockhart vs. McCree*, U. S. Ark, 106 S. Ct., 1758 90 L. Ed. 137, von 1986

55 *Dred Scott vs. Sanford*, 19 U. S. (How.) 393, 407, 15 L. Ed. 691 (1857); Zitat übersetzt nach Originalwortlaut.

56 Anm. d. Übers.: In den USA gebräuchlicher Spitzname für die Stadt Philadelphia.

57 *Commonwealth of Pennsylvania vs. Jay Smith*, 532 Pa. 177; 615 A. 2d 321 (1992).

[58] *Jumu'ah:* Islamische Gemeinschaftsgebete, die freitags abgehalten werden, wenn die Sonne den Zenit überschritten hat.

[59] Dt.: „Jeder hat drei Fehlversuche"; strikes = beim Baseball verschlagener Ball, Fehlversuch; dieses Motto wurde 1994 zum Schlagwort für eine Gesetzesinitiative der Clinton-Regierung, die vorsieht, daß jeder Straffällige bei der dritten rechtskräftigen Verurteilung wegen „violant crimes" (Gewaltstraftaten) automatisch zu Lebenslänglich verurteilt wird. In manchen Bundesstaaten (u.a. Kalifornien) reichen schon drei „einfache" Delikte.

[60] Diese „Gummistrafen" sind ein Disziplinierungsinstrument und bedeuten, daß der Verurteilte nach 15 Jahren frühestens entlassen werden kann, wenn die jährlich tagende Bewährungskommission dem zustimmt; führt der Gefangene sich nicht so, wie man es von ihm erwartet, kann es passieren, daß er die Höchststrafe voll absitzen muß.

[61] Anm. d. Übers.: RHU (Restricted Housing Unit), dt. „Abteilung mit einschränkenden Haftbedingungen", also verschärfte Bedingungen wie z. B. Einzelhaft, weniger Hofgang, etc.

[62] Nach dem Strafgesetzbuch wiegt die von einem zu lebenslanger Haft verurteilten Gefangenen begangene Körperverletzung schwerer, als wenn sie ein Gefangener mit geringer Haftstrafe oder gar ein Nichtvorbestrafter begeht.

[63] Anm. d. Übers.: Zwei Stadtviertel, die nach dem Eindringen von Giftstoffen ins Grundwasser evakuiert werden mußten.

[64] *Commonwealth [of Pennsylvania] vs. Abu-Jamal*, 521 Pa. 188, 555 A. 2d 846 (1989).

[65] *Commonwealth vs. Beasley*, 524 Pa. 34, 568 A. 2d 1235 (1990).

[66] *Commonwealth vs. Baker*, 511 Pa. 1, A. 2d 777 (1986).

[67] *Caldwell vs. Mississippi*, 472 U. S. S. Ct., 320, 86 L. Ed. 2d 231 (1985).

[68] *Africa vs. Commonwealth of Pennsylvania*, 662 F. 2d 1025 (3rd Cir. 1981); Frank Africa und das Glaubensrecht auf bestimmte Ernährung.

[69] „Attica rebellion: 43 inmates and hostages lay dead after the 4-day rebellion at New York State's Attic Correctional Facility in September 1971. Many more were wounded." The official report of the New York State Special Commission on Attica (dt.: „Rebellion in Attica: 43 Tote unter Insassen und Geiseln nach der viertä-

gigen Revolte im Gefängnis des Bundesstaates New York in Attica vom September 1971." Offizieller Bericht der Attica-Untersuchungskommission des Staates New York), Bantam Books; siehe auch Agipa-Press (Hrsg.): Comrade George & Attica, Band 1, Bremen 1991, Atlantik Verlag, Bremen.

[70] Arthur Schopenhauer: The World as Will and Representation, Dover Press 1966 (dt.: Arthur Schopenhauer: *Die Welt als Wille und Vorstellung*).

[71] *Estate of Shabazz vs. O'Lone*, 482 U.S. 342, 107 S. Ct. 2400 (1987).

[72] *Thornburgh vs. Abbott*, 490 U.S. 401, 109 S. Ct. 1874 (1989).

[73] Redefigur aus der Rhetorik: die Verbindung von zwei sich eigentlich widersprechenden Begriffen (z.B. beredtes Schweigen).

[74] Quaker prison experiment, Walnut St. Penitentiary 1790, Philadelphia, Pennsylvania.

[75] Der Begriff „Marionization" entstammt dem Bericht der Menschenrechtsorganisation Human Rights Watch mit dem Titel „Prison Conditions in the U. S. 1991" (Haftbedingungen in den USA 1991). Seit 1983 werden im US-Bundesgefängnis Marion Federal Penitentiary, das in den 60er Jahren als Modellgefängnis konzipiert wurde, alle Gefangenen unter einem permanenten Dauereinschluß gehalten. Anlaß war damals ein Streik der Gefangenen gegen die Isolationshaftbedingungen. Marion wurde damit zum Vorläufer und Prototyp der Super Max Prisons (Hochsicherheitsgefängnisse) in 38 Bundesstaaten. Die drei neuesten Sicherheitsgefängnisse befinden sich in Pelican Bay, Kalifornien, Florence, Colorado und Green County, Pennsylvania.

[76] *McCleskey vs. Kemp*, 481 U. S. 279 (1987); Zitate übersetzt nach Originalwortlaut.

[77] Zitat übersetzt nach Originalwortlaut des Richters im Fall *McCleskey vs. Kemp*.

[78] Anm. d. Übers.: *„Just say no" (Sagt einfach nein)*: Von Präsidentengattin Nancy Reagan initiierte moralische Anti-Drogenkampagne.

[78a] Anm. d. Übers.: Antiguerillaeinheiten der US-Armee, die v.a. im Vietnamkrieg wegen ihrer brutalen Kriegsführung gegen die Zivilbevölkerung berüchtigt waren; Teil ihrer Uniform war ein grünes Barett.

[79] Aktuelle Zahlen belegen, daß sich in den Staats- und Bundesgefängnissen der USA zur Zeit über drei Million Menschen befinden. (Stand: 2001)

[80] Im Januar 1995 entschied ein Bezirksgericht, daß Kalifornien Pelican Bay weiter betreiben könne. Obwohl Richter Thelton Henderson die Einrichtung kritisierte, lehnte er es jedoch ab, sie für verfassungswidrig zu erklären, trotz der Beweise dafür, daß Wärter ungerechtfertigt Gefangene prügelten und sie durch Fesselung krummschlossen.

[81] *Penry vs. Lynaugh*, 492 U.S. S. Ct., 302 106 L. Ed. 2d. 256 (1989); sämtliche Zitate übersetzt nach Originalwortlaut.

[82] Peter Applebome, Two Electric Jolts in Alabama Execution, New York Times, July 15, 1989, p. 6.

[83] *Legal Intelligencer*, Philadelphia. Artikel von Stephen D. Ellis über die Exekution von Geisteskranken und die Hinrichtung seines Klienten Horace Dunkins Jr. durch den Bundesstaat Alabama am 14. Juli 1989.

[84] Der Text stammt zwar aus Richter Boks *Star Wormwood*, wurde vom Verfasser aber in Op. A. G. No. 1 (1971), *Stellungnahmen des Justizministers*, Commonwealth of Pennsylvania, S. 5, gefunden, wo die Stellungnahme des ehemaligen US-Justizministers Fred Speaker zitiert wird; 1971 war J. Shane Creamer Justizminister.

[85] Anm. d. Übers.: Der amerikanische Slangausdruck für Hinrichtung auf dem elektrischen Stuhl ist „to fry“ (braten).

[86] *Callins vs. Collins*, 114 S. Ct. 1127 (1994); Zitate übersetzt nach Originalwortlaut.

[87] *Gregg vs. Georgia*, 96 S. Ct. 128 U. S. 153, 49 L. Ed. 2d 859 (1976).

[88] *Herrera vs. Collins*, 113 S. Ct. 853 (1993).

[89] *Sawyer vs. Whitley*, 112 S. Ct. 2514 (1994).

[90] *Hance vs. Zant*, 114 S. Ct. 1392 (1994).

[91] Siehe Anm. 59 im Essay „Als wär' das Leben ein Baseballspiel“.

[92] Anm. d. Übers.: Dieses Prinzip gesteht dem Richter nicht mehr die Freiheit zu, das Strafmaß bei mildernden Umständen zu senken.

[93] Dt.: Gesetz zur Verbrechensbekämpfung.

[94] Alex Haley (Hrsg.): Malcolm X - Die Autobiographie, Atlantik Verlag, Bremen, 1992.

[95] Seit seiner Pilgerfahrt nach Mekka führte Malcolm X den arabischen Namen El Hajji Malik El Shabazz.

[96] Anm. d. Übers.: ATF (Alcohol, Tobacco, and Firearms): eine für die Kriminalitätsbereiche Alkohol, Tabak und Waffenbesitz zuständige bundesweite Polizeisondereinheit in den USA.

[97] Dt. aus: Worte des Vorsitzenden Mao Tse-tung, Peking 1972, S. 271.

[98] Amerik. für „großer Nigger"; bedeutet, daß sich Polizisten immer damit verteidigen, der Festgenommene sei ein großer Schwarzer gewesen, der sich gewehrt habe, deshalb sei ein hartes Vorgehen der Polizei notwendig gewesen.

[99] Anm. d. Übers.: Sergeant Koon war der ranghöchste der vier angeklagten Polizisten.

[99a] Anm. d. Übers.: Amerik.: für „zu den billigen Rängen hingewandt spielen", um von dort Beifall zu bekommen; sinngemäß ist also gemeint, so zu agieren, daß das einfache Wahlvolk beeinflußt wird und der Politik zustimmt.

[100] Anm. d. Übers.: Gennifer Flowers ging mit ihren als Buch veröffentlichten Erinnerungen über ihre sexuelle Beziehung mit dem verheirateten Bill Clinton an die Öffentlichkeit.

[101] Anm. d. Übers.: Konferenz der Rainbow Coalition, ein von Jackson initiierter Zusammenschluß von religiösen, sozialen und politischen Basisbewegungen.

[102] Anm. d. Übers.: Zu dt. in etwa: „Diese Seite des Ruhms: Die Autobiographie von David Hilliard und die Geschichte der Black Panther Party".

[103] Anm. d. Übers.: Amerik.: Prisoners Of War (dt.: Kriegsgefangene); Gefangene aus bewaffnet kämpfenden klandestinen Organisationen wie z.B. der puertoricanischen FALN (Fuerzas Armadas de Liberación Nacional) oder der BLA (Black Liberation Army) berufen sich auf die Zusatzprotokolle der Genfer Konvention, wonach Gefangene aus nationalen und antikolonialen Befreiungskämpfen (z.B. PLO, ANC etc.) nicht als Kriminelle behandelt werden dürfen, sondern als Kombattanten anerkannt werden und den internationalen Schutz der Genfer Konvention genießen.

[104] Anm. d. Übers.: Abk. von „Homeboy", ein Junge aus der Nachbarschaft, mit dem man zusammen aufgewachsen ist.

[105] Anm. d. Übers.: Der Schwarze F. Douglass (1817-95) wurde als Sklave geboren, flüchtete aus der Sklaverei in die Nordstaaten, engagierte sich dort in Antisklavereiorganisationen, als Heraus-

geber der Zeitschrift *North Star* und bekleidete verschiedene öffentliche Ämter, unter anderem das des Generalkonsuls in Haiti.

[106] Anm. d. Übers.: George Corley Wallace, US-amerikan. Politiker, Gouverneur von Alabama und 1968 Präsidentschaftskandidat der American Independent Party, Verfechter der Rassentrennung.

[107] Südstaatenhymne.

[107a] Anm. d. Übers.: Wortspiel, zusammengesetzt aus dem Polizisten, der auf ihn zeigt (= to point), und den Pointer Sisters, deren Name übersetzt „Zeiger Schwestern" hieße.

[108] *Commonwealth vs. Abu-Jamal* 555 A.2d 846 (PA. 1989). Aussage von Mumia Abu-Jamal vor den Geschworenen bei der Urteilsverhandlung.

Adressen und Spendenkonto

Mumia Abu-Jamal

AM-8335, SCI Greene
1040 Progress Highway
Waynesburg, PA 15370, USA

Kampagne Mumia Abu-Jamal

Postfach 150323,
D-28093 Bremen
Fon+Fax 0421/354029
e-mail: atlantik@brainlift.de

»Freiheit für Mumia Abu-Jamal«

Neckarhelle 72
D-69118 Heidelberg
Fon+Fax 06221-800313
e-mail: mikschiff@poweronline.net

Spendenkonto »Freiheit für Mumia Abu-Jamal«

Spendenbescheinigung möglich
Postbank Karlsruhe BLZ 660 100 75
Kto-Nr.: 39 54 99 751

Mumia im Internet:

www.mumia.de
www.mumia.org
www.iacenter.org
www.mumia2000.org

Terry Bisson
on a move
Die Lebensgeschichte von
Mumia Abu-Jamal
Atlantik